销售与口才

李天 ◎ 著

煤炭工业出版社

·北京·

图书在版编目（CIP）数据

销售与口才/李天著 . - - 北京：煤炭工业出版社，2018

ISBN 978 - 7 - 5020 - 6344 - 3

Ⅰ . ①销… Ⅱ . ①李… Ⅲ . ①销售—口才学 Ⅳ . ①F713.3 ②H019

中国版本图书馆 CIP 数据核字（2017）第 316994 号

销售与口才

著　　者	李　天
责任编辑	刘少辉
封面设计	胡椒书衣

出版发行	煤炭工业出版社（北京市朝阳区芍药居 35 号　100029）
电　　话	010 - 84657898（总编室）　010 - 84657880（读者服务部）
网　　址	www.cciph.com.cn
印　　刷	北京亚通印刷有限责任公司
经　　销	全国新华书店

开　　本	710mm×1000mm$^1/_{16}$　**印张** 14　**字数** 260 千字
版　　次	2018 年 9 月第 1 版　2018 年 9 月第 1 次印刷
社内编号	20181155　　　　　**定价** 42.00 元

前　言

将销售说得文雅一些，可称之"双赢的艺术"，销售员和客户在交易中各取所需，让彼此满意，结果皆大欢喜。将销售说得恐怖一些，简直是没有硝烟的战场，客户既是敌人又是战友。说客户是敌人，是因为销售员总要想方设法面对客户提出的刁钻问题和苛刻的成交条件，以及聆听那无数的冷言冷语；说客户是战友，是因为一旦双方变成了合作伙伴，他们就需要携手共行，战胜一系列未知的困难以保证双方利益可以长久地持续下去。

说话能力可以体现一个人的内涵、素质。一个说话讲究艺术魅力、讲究技巧的人，常常说理切、举事赅、择辞精、喻世明；轻重有度、褒贬有节、进退有余地、游刃有空间。说话有魅力，讲究技巧可以体现个人的非凡气质，更能提高个人的社会地位。因而，一个人能否把话说得有魅力，对其人生的成败是非常重要的。

不懂得说话技巧的人，有可能失掉机会、失掉客户，甚至会给自己惹来一身的麻烦。不善言谈和说话不讨人喜欢的人，很容易给人留下能力低下和思维匮乏的印象。所谓"一人之辩，重于九鼎之宝；三寸之舌，强于百万之师"，众多销售大师的实战经验告诉我们，口才的影响力贯穿于销售工作的整个过程，而销售口才的好坏，也会在每一个环节上，对销售工作的成败产生决定性的影响。因此，毫不夸张地说，销售的成功在很大程度上可以归结为销售员对口才的合理运用与发挥。

　　然而，现实生活中，很多销售员都害怕跟客户交流，他们无法很好地在客户面前表达自己的观点，即使有再好的想法也无法让客户知道。事实上，世界上很多优秀的销售员也都经历过为口才坐立不安的阶段，在他们侃侃而谈的背后，隐藏着委屈、汗水、辛酸、尴尬。每一个优秀的销售员都是从痛苦的磨炼中成长起来的，而销售口才的锤炼就是销售员到达成功殿堂的第一步。一个销售员如果拥有了好口才，就为自己步入辉煌的职业人生加上了一个优质砝码。

　　锤炼销售口才，能帮你克服恐惧、提升自信，永保激情和耐心；能助你迅速掌握与客户建立信赖感的谈话技巧；能让你轻松解除客户的抗拒点，迅速赶走客户内心对产品疑惑的阴影；能使你巧妙处理和各种客户之间的冲突、矛盾，牢牢地稳住新老客户；能令你快速成为具有超强说服力的顶尖销售员，无往而不胜……《销售与口才》这本书正是围绕这一系列问题，总结了销售过程中须发挥好口才的诸多方面，具有很强的针对性和有效性。本书力求以最经典的案例、以最易于吸收的形式、以最简洁的表达方式，来对所有的销售员进行一场最棒的口才洗礼！

　　谨以此书献给广大热爱销售工作的读者们。你要相信：你是不平凡的，因为世界上只有一个你，心有多大，舞台就有多大——希望本书能够帮助从事销售工作的广大读者成长和蜕变，也希望每个销售员都能够切实行动起来，走向成功！

李　天

2018 年 5 月

目 录
CONTENTS

第一章

自信开口，给客户留下深刻的第一印象

销售精英的迂回战术

在销售过程中，要利用合适的开场白绕过销售障碍，使销售化迂为直。

李飞是一家空调公司的销售员，他从朋友处得知某小区有一幢刚装修完的房子，业主姓赵，可能有购买空调的需求，当即赶过去拜访。

这个小区是高档住宅，整个小区入住了不超过十户人家，李飞没费多少工夫就找到了赵家。敲开门说明来意后，老赵淡漠地说了句"对不起，目前还没有这个打算"，便关了门。

走在小区的林荫道上，李飞回忆刚才在门口与老赵谈话的过程，从门缝里看到其室内装修很考究，说明这是一户殷实人家。李飞决心要攻下这位客户，但连续去了几次都被拒之门外。

李飞决定以迂为直，从外围入手。经过调查了解到，老赵业余喜欢搞室内设计，这幢楼的室内装修设计就是他的得意之作，常向朋友炫耀。

一个阳光明媚的下午，李飞又一次敲开了老赵的门。一见是李飞，不等他说话，老赵就要关门，李飞连忙挡住说："老赵，我今天来不是为空调的事，听朋友讲您精通室内装修设计，我也有这方面的爱好，特来向您请教。"

老赵的脸色顿时缓和了许多，短暂的思索后，他把李飞让进了屋。

李飞走到墙边，说："这是枫木吧，木质非常细腻，很漂亮！"老赵自豪地说："不错，枫木产于北美洲，受气候的影响有细致的纹路，浅色的暖黄，极具质感。"

老赵的情绪很高，他带着李飞仔细参观每一间屋子，一件一件地介绍室内的装饰品，从木质谈到色调，从工艺谈到价格，还详细介绍了设计过程，就连餐厅也不放过："餐桌我着重以'木情'为设计主题。希望在用餐时，有宁静清新、舒适的感觉……"李飞饶有兴致地聆听着，并不时地提一些对方感兴趣的话题。

参观完回到沙发上坐下，李飞见时机已熟，便有意把话题引到空调上来。他微笑着说："老赵确实是个设计高手，你的房子装修得精美绝伦，只是缺少一样东西。"老赵一怔，忙说："愿闻其详！"

李飞说："这么漂亮的房子居然没有空调！您在炎炎夏日满头大汗地回到家里，一开门，迎接您的是一个闷热的'蒸笼'。您刚刚抹掉脸上的汗水，额头马上又渗出了新的汗珠。您打开窗子，一点风也没有，打开风扇，风是热的，使您本来就疲惫的身体更加燥热。如果您装有空调，一走进家门，迎面吹来清爽的凉风，那该是多么惬意的享受啊！"

老赵大笑说："原来你醉翁之意不在酒，绕了一个大圈子，还是为了向我销售空调。不过也许是我俩有缘，房子搞好这么长时间了，还没人陪我欣赏过。今天高兴，空调我买了！"

直奔主题是销售的一大禁忌，因为这样会激发客户的紧张情绪和戒备心理，形成销售障碍。既然强行从正面突破已经不可能，不妨运用迂回战术，绕开障碍，从客户的兴趣着手，自然而然地谈到自己销售的产品，来消除客户的戒备，让成交变得顺理成章。案例中的销售员李飞就是用这种方法取得了成功。

在销售中，不能直奔主题，因此，善用迂回的开场白对每个销售员来说无疑是成功的敲门砖。在与客户面谈时，销售不应只是简单地向客户介绍产品，更要注意拉近双方的距离，与客户建立良好的关系。找到最合适的入口，让客户无法拒绝你。

拿来就用的开场白六大"技巧"

最佳开场白不只有一种模式，销售可以参考以下几种方法，设计一个最合适的开场白，以打开良好的销售局面。

1. 温馨话题法

心理学研究发现，人的心理受周围气氛的影响。如果一开始的话题就给人以温馨的感觉，那么这种感觉会很持久地感染对方，销售就会更加容易进行。所以，在销售前，可以先和对方聊点温馨的闲话，例如，"说起来，前几天有这么一件事……"或"我儿子啊，前几天捡回来一只被人遗弃的小狗，本来我想把它扔掉，结果，我现在比儿子还喜欢它呢……"

这种让客户感到亲切的话题，能够使销售顺利地进行。为了达到这个目的，销售平时就应该准备一两个温馨的话题。

2. 轻松自嘲法

在所有工作中，销售是最容易碰壁和遭遇尴尬的。我们可以用自嘲的方式来活跃谈话气氛，消除紧张情绪；在尴尬的时候，也可以用自嘲来找台阶下，保住面子和尊严；有时候在谈判的过程中销售员很可能会因为激动而措辞生硬，使对方不悦，这时候，如果能赶紧关上话匣子："对不起，我这个人容易激动，刚才真成了一只斗鸡了。"对方定会付之一笑，不予计较。总之，适时适度地自我嘲笑，不仅能让气氛变得友善，还能让客户在短时间内接纳你。

3．激起兴趣法

客户对产品产生兴趣是销售取得成功的基础，所以设法激起客户的兴趣是开场白中最为重要，也是运用得最多的一种方法。每个人都喜欢谈自己感兴趣的话题，如果销售员所说的话能引起客户的兴趣，客户就会和他继续谈下去，这样才有机会促成交易。

4．巧借东风法

《三国演义》中，诸葛亮借东风烧掉了曹操的几十万大军，如果销售员也能敏锐地发现身边的"东风"并借用，就能起到四两拨千斤的效果。例如，销售员可以借用客户比较信任的企业与客户拉近关系，进而巧妙地把自己销售的产品与要借力的企业联系在一起，这样，客户就很难拒绝了！

5．第三者介绍法

大多数人都比较重视人情，借熟人关系进行销售是最能消除陌生感、增加信任的一种方式。如果在见面的时候，销售员这么说："王经理您好，我是××的朋友，是他介绍我来拜访您的……"那么，有了这个"第三者"的桥梁之后，即使是为了朋友的面子着想，客户也会跟你拉近关系。也正是因为有"朋友介绍"这种关系，才会在无形中让客户解除不安全感和警惕性，从而使双方建立信任关系。但如果技巧使用不当，将很容易造成不良后果。

6．真诚赞美法

语言的作用对于销售来说是不言而喻的。销售员每天做的就是如何"说"服客户购买，语言几乎是销售员的唯一手段！真诚的赞美最能迎合客户心中渴望被理解、被认同的天性。如果销售能够找到赞美客户的话题，谈论客户自豪的事情，于情于理客户也会给这个可爱的人几分钟时间，对话也就进行下去了。

借助外力，用第三方来影响客户

电话营销中好的开场白可以包含一个推荐人，也就是第三者。首先要确保你可以使用第三者的名字，保证潜在客户认识这位第三者，并且这位第三者的地位要与潜在客户的地位相当，甚或高出一些。如果一个潜在客户是一家大公司的高层董事，但你说出的第三者却是在一个小公司工作的较低级经理的名字，这显然不具有影响力。在电话营销中，你可以利用第三者做如下的介绍：

销售员："您好，是张经理吗？"

客　户："是的。"

销售员："我是××的朋友，我叫××，是他介绍我认识您的。前几天我们刚通了一个电话，在电话中他说您是一个非常和蔼可亲的人，他一直非常敬佩您的才能。在打电话给您之前，他叮嘱我务必要向您问好。"

客　户："客气了。"

销售员："实际上我和××既是朋友关系又是合作关系，一年前他开始使用我们的产品之后，公司业绩提高了20%，在验证效果之后他第一个想到的就是您，所以他让我今天务必给您打个电话。"

……

对于销售员来说，有效运用第三者的力量可以很好地激发客户的购买欲望，第三者的力量可以使客户获得替代的经验，容易相信产品。情景、名人和专家都可以充当第三者的角色。有时你说一百句也顶不上你引用第三者的话来评价商品的效果好。这种方法的效果是不容置疑的，但是如果你是说谎而又被识破的话那就很难堪了，所以你应该引用真实的评价。一般来说你引用第三者的评价会使客户产生安全感，在相当程度上使对方消除戒心，认为购买你的商品要放心得多了。

最有说服力的引言莫过于客户周围某位值得信赖的人所讲的话。你可以先向这样的人物销售你的商品，只要销售员够机灵，从他的口中得到几句称赞应该不会太难，而这句称赞将是你在他的影响力所及的范围内进行销售的通行证。如果某个"大人物"曾使用或者盛赞了你的产品，那么这将使你的销售变得比原来容易得多。

下面是一位销售员大林的真实经历：

有一次，大林向经理报告："有一位客户想买楼中楼，可谈了多次，就是不交钱，你说该怎么办？"当时大林刚从外联部调来没几天，缺乏销售经验。销售经理再次与客户通电话，确定她有买房意向，便直截了当地说："这套房子户型结构非常好，公司现在仅剩这一套了，迄今已有好几个人看过，也表示了购买意向，近两天可能有人交钱，不过，按公司规定，谁先交定金就是谁的。"经理刚把话说完，她便着急地说："请稍等，这套房我买了。"结果，不一会儿，该客户匆忙赶来交了定金。由此可见，如果客户真想买房，利用一下第三者效应，肯定会迅速成交。

虽然借助第三者很容易获得客户的青睐，但是如果技巧使用不当，就会造成不好的后果。例如：

销售员："您好，是孙经理吗？"
客　户："我是，什么事情？"

销售员："您好，孙经理，我是××，××公司的，是您的朋友李悦介绍我打电话给您的，我们是一家专业的培训公司，所以他让我打电话给您，问您是否有这方面的需求？

客　户：对不起，我们暂时还没有这方面的计划。"（挂断）

以上对话中的错误在于急于销售产品。很多销售员在平时的工作当中经常犯这种错误，不仅失去了客户，而且也丢掉了人情。所以在使用"第三者介绍法"展开话题时，务必要注意以下几点：

（1）首先说明与介绍人的关系。

（2）传达介绍人的赞美和问候。

（3）公司的产品得到了介绍人的肯定。

（4）巧妙引导客户到与产品有关的事上来。

（5）切忌在客户还没有了解自己与介绍人的关系之前就介绍产品。

利用第三者介绍说出开场白，无疑是一种非常好的销售术，除非你有无数的潜在客户，否则不要忽视第三者的作用。当然通过第三者，是把自我介绍给潜在客户的一个好方法，但并不是唯一的好方法。但如果在你的开场白中，只有一种方法可以使用，那么使用第三者的方法无疑是最明智的。

赢得客户良好的第一印象

在现代社会中，那些前途远大的人所面临的竞争是严峻的。一年接着一年，实业家们苦心研究年轻人在学校里的成绩，审查他们的申请，为符合理想的人们提供特殊的优越条件。然而，他们发现智力、精力、能力，这些因素固然都是必要的，但它们只能使一个人获得某种程度的成功，如果一个人想要攀上高峰，担当起指挥的重任，那么还必须具备另外一个因素——拥有使人信赖的品质。有了它，一个人的能量才可以爆发出几倍的效力。

而这一点运用在说话上是需要动一番脑筋的。

日本销售之神原一平对打消客户的疑虑、取得客户的信任有一套独特的方法，话虽不多，但却能句句说到对方的心坎里：

"先生，您好！"

"你是谁啊？"

"我是明治保险公司的原一平，今天我到贵地，有两件事专程来请教您这位附近最有名的老板。"

"附近最有名的老板？"

"是啊！根据我打听的结果，大伙儿都说这个问题最好请教您。"

"喔！大伙儿都说是我啊！真不敢当，到底是什么问题呢？"

"实不相瞒，是如何有效地规避风险和减轻税负的事。"

"站着不方便，请进来说话吧！"

　　突然地进行销售，未免显得有点唐突，而且很容易招致别人的反感，以至于被拒绝。而像原一平这样先拐弯抹角地恭维客户，打消客户的疑虑，取得客户的信赖，销售便成了顺理成章的事。

　　在销售过程中，客户是形形色色的，对于那种不易说服的客户，你不妨使用一些直率、诚挚的话语来打动他，从而取信于他。

　　一次，日本销售大师夏目志郎去拜访一位绰号叫"老顽固"的董事长。不管夏目志郎怎么滔滔不绝，怎么妙语连珠，他就是三缄其口，毫无反应。

　　夏目志郎也是第一次接触到这样的客人，于是，他用起了激将法。

　　夏目志郎故作冷漠地说："把您介绍给我的人说得一点没错，您任性、冷酷、严格，没有朋友。"

　　这时，这位董事长的面颊变红了，望着夏目志郎开始有反应了。

　　夏目志郎继续说："我研究过心理学，依我的观察，您是面恶心善、寂寞而软弱的人，您想以冷淡和严肃筑起一道墙来防止外人侵入。"

　　这时，董事长第一次露出了笑脸："我是个软弱的人，很多时候我无法控制自己的情绪。我今年73岁了，创业成功50年，我是第一次见到像你这样直言不讳的人，你有个性。是的，我拒绝别人，是为了保护自己，不让别人靠近我身边。"

　　"我想这是不对的。您知道中国汉字中的'人'字是怎么写的吗？'人'这个字，包含着人与人之间相互支持与信赖的意思，任何生意都从人与人的交往中产生。人不需伪装，虚伪的面具会使内容变质。"

　　自此以后，他们聊得越来越投机，董事长已经把夏目志郎当成了朋友来对待，自然也成了夏目志郎的长期客户。

　　不管是用独树一帜的方法还是采取直率的态度打动对方，销售员首先

要设法做成功的一件事就是取信于对方。而这一环节离不开说话，因此，我们应学会如何在短时间内突出重点，达到目的。

如何赢得良好的第一印象？

（1）拐弯抹角地恭维客户，打消客户疑虑，赢得客户信任。

（2）用直率、诚挚的话语来打动客户。

（3）处理好极不起眼的细节，使你的信誉倍增。

谈客户感兴趣的话题

在销售员卡姆的眼里，每一个客户、每一个亲友，对于他来说，都是非常重要的，都是值得关注的。他有一个极其普通的"绝招"，就是卡姆的亲友或客户每年生日的时候，卡姆都会寄发庆贺信函或礼仪电报。这对于一般人来说，简单却难以坚持，而卡姆确实做到了。因此，在别人的眼里，卡姆是世界上唯一不会忘记自己生日的人。许多年来，卡姆一直都在刺探他人的"情报"，留心打听亲友和客户们的生日。怎样打听呢？虽然卡姆不是那种好打听别人隐私的人，可是在打听别人生日上却是例外。因为，卡姆热衷于"一个人的生辰跟一个人人生和性情关系的研究"（显然这是借口）。因而他会请求亲友或客户们将他们的生辰告诉他。当对方说出某月某日时，卡姆就在心里重复地说着这个日子，等对方一转身，他就把对方的姓名和生日记下来，事后再转记到一个生日专用本子上。在每年的年初，卡姆就把这些生日标在他的月历上。

所以，卡姆的成功并不是偶然的。要知道，对于一个能够年年记住自己生日的人，你难道能无视他的可爱和可亲吗？你难道不乐于和这样的人打交道、交朋友吗？

对他人感兴趣，还要找到客户感兴趣的话题去交流。

在与人交谈时，应注意谈话的禁忌。交谈时最好不要涉及疾病、死亡等不愉快的事，更要注意回避对方的隐私，如妇女的年龄和婚姻情况、男士的收信等私生活方面的问题。对方反感的问题一旦提出，则应表示歉意或立即转移话题。谈话时还应注意不要批评他人，不要讥讽他人，对宗教问题也应持慎重态度。

从墙上挂的照片、桌上摆的书籍、玻璃柜子里摆放的物件，你都可以推测出客户的爱好和情趣，从中找到话题。对一个爱好广泛、知识面广的人来说，引人入胜的话题无处不在，销售员在扩大自己的适应能力方面应做出不懈的努力。

有一位名叫克纳弗的销售员向美国一家兴旺发达的连锁公司销售煤，但这家公司的经理仿佛天生讨厌克纳弗，一见面就毫不客气地呵斥道："走开，别打扰我，我永远不会买你的煤！"

连开口的机会都不给，这位经理做得实在太过分了，克纳弗先生满心不悦。但是，他不能错过这个机会，于是他赶紧抢着说，

"经理，请别生气，我不是来销售煤的，我是来向您请教一个问题。"

他诚恳地解释："我参加了个培训班的辩论赛，经理先生，我想不出有谁比您更了解连锁公司对国家、对人民所做出的巨大贡献。因此我特地前来向您请教，请您帮我一个忙，说说这方面的事情，帮我赢得这场辩论。"

这位连锁公司经理一下子就被克纳弗的话吸引了，他对展开这样一场辩论，既感到惊讶，又极感兴趣。对经理来说，这是在公众面前树立连锁公司形象的大是大非问题，事关重大，他必须为克纳弗先生提供有力的证据。他看到克纳弗先生如此热情、诚恳，并将自己作为公司的代言人，非常感动。他连忙请克纳弗先生坐下来，一口气谈了一小时又四十七分钟。

这位经理坚信连锁公司"是一种真正为人类服务的商业机构，是一种进步的社会组织"。他为自己能够向成千上万的人民大众提供服务而感到骄傲。当他叙述这些时，竟兴奋得"面颊绯红""双眼闪着亮光"……

克纳弗先生大有收获，连声道谢，起身告辞的时候，经理起身送他。他和克纳弗并肩走着，并伸过臂膀扶搭着克纳弗的肩膀，仿佛二人是一对

亲密无间的老朋友。他一直把克纳弗送到大门口，预祝克纳弗在辩论中取得胜利，欢迎克纳弗下次再来，并希望把辩论的结果告诉他。

这位经理最后的一句话是："克纳弗先生，请在春末的时候再来找我，那时候我们需要买煤，我想下一张订单买你的煤。"

克纳弗先生做了些什么？他根本没提销售煤的事，他只不过是向经理请教了一个问题，为什么会得到这么美满的结果呢？克纳弗先生抓住了客户最感兴趣的话题，即客户毕生为之奋斗、弥足珍贵的事业。克纳弗先生对此感兴趣，并参与其事，便成了那位经理志同道合的朋友。

当一个人被另一个人当成朋友看待时，理所当然地会受到关照。所以请你牢牢记住：有时候，商业上的成功之道不是刻意销售，而是打动人心；要打动人心就要关心对方，找到对方最感兴趣的话题。

激起客户的好奇心，销售就能成功

许多销售员在接触潜在客户的时候，都会碰到这样的情况，接触客户的方式不论是通过电话还是面对面交流，大部分的结果都是以客户的拒绝而收场。

实际上，接触潜在客户必须要有完整的计划，确保我们接触客户时，所讲的每一句话，都事先经过充分的准备。因为每一位潜在客户，都会有许多的抗拒或借口，他们可能会说"我现在很忙"或者"我不需要……"。所以接触潜在客户的第一步，就是必须突破客户的这些借口，在最短的时间内唤起客户对你所销售的产品的好奇心。

有一个销售安全玻璃的销售员，他的业绩一直都维持在整个北美区域的第一名。在一次顶尖销售员的颁奖大会上，主持人说："你有什么独特的方法来让你的业绩维持在顶尖呢？"他说："每当我去拜访一个客户的时候，我的皮箱里总是放了许多截成15公分见方的安全玻璃，我随身也带着一个铁锤子，每当我到客户那里后我会问他，'你相不相信安全玻璃'。当客户说不相信的时候，我就把玻璃放在他们面前，将锤子往玻璃一敲，而每当这时候，客户都会因此而吓一跳，然后他们会发现玻璃真的没有碎裂开来。接下来客户就会说，'天哪，真不敢相信。'这时候我就问他们，'你想买多少？'然后直接进行成交的步骤，而整个过程花费的时间还不到一分钟。"

在他讲完这个故事不久，几乎所有销售安全玻璃的公司的销售员，在出去拜访客户的时候，都会随身携带安全玻璃样品以及一个小锤子。

经过一段时间，他们发现这个销售员的业绩仍然是第一名，他们觉得很奇怪。在另一个颁奖大会上，主持人又问他："我们现在也已经做了同你一样的事情了，那么为什么你的业绩仍然能维持第一呢？"他笑一笑说："我的秘诀很简单，我早就知道当我上次说完这个点子之后，你们会很快地模仿，所以自那以后，我到客户那里，唯一做的事情是，把玻璃放在他们的桌上，问他们，'你相信安全玻璃吗'。当他们说不相信的时候，我便把玻璃推到他们的面前，并把锤子交给他们，让他们自己来砸这块玻璃。"

从头到尾这个金牌销售员都在思考该怎样以独特的方式去吸引客户的注意，这就是他为什么一直保持领先地位的原因。

独特的开场白很重要，很多销售员都会精心打造他们的第一句话。

专家们在研究销售心理时发现，洽谈中的客户在刚开始的 30 秒内所获得的刺激信号，一般比以后 10 分钟里所获得的要强烈得多。在不少情况下，销售员对自己的第一句话处理得往往不够理想，有时废话甚多，根本没有什么作用。比如人们习惯用的一些与销售无关的开场白："很抱歉，打搅你了，我……""哟，几日不见，你又发福啦！""你早呀，大清早到哪儿去呀？""你不想买些什么回去吗？"在聆听第一句话时，客户集中注意力而获得的只是一些杂乱琐碎的信息刺激，一旦开局失利，以下展开销售活动必然会困难重重。

迅捷电子公司刚推出一种新款数据机，其速度之快，远远超过市场上的同类产品。这种产品的零售价为 1500 美元。

公司销售员约翰登门拜访凯萨琳。她是一家市场调查公司的老板，雇有两名职员，透过国际网络来进行他们大部分的研究。约翰向她展示公司的新产品后，进行了如下对话。

约　翰："凯萨琳，我们的新产品速度很快吧！"

凯萨琳（表情欣羡）："老天，我真想买！可是现在我实在无力添购新配备。我的员工一直加班，但还是忙不过来，我得赶快找个兼职的员工来帮忙。"

"可是这台数据机的速度真的很快喔！"

凯萨琳："但我真的买不起……"

这样的开场白蠢透了，不是吗？你只想着如何介绍商品的特点，却没有尝试设法解决客户的困扰。换种方式试试：

凯萨琳（表情欣羡）："老天，我真想买！可是现在我实在无力添购新配备。我的员工一直加班，但还是忙不过来，我得赶快找些兼职的员工来帮忙。"

约　翰："哇，那要花你多少钱呢？"

凯萨琳："大约 1 年 12 万美元吧！"

约　翰："那个兼职员工每周得来多长时间？"

凯萨琳："大概 15 个小时吧。"

约　翰（掏出笔来）："让我算算看，我们的新产品比你们现在用的款式，速度快 3 倍，能让你的员工每人每天节省 2 小时。也就是说，两人一天可节省 4 小时，一星期共可节省 20 小时。这样看来，你根本不需要另外聘请兼职人员，对吧？"

凯萨琳（仔细检视你的估算）："嗯。你说这玩意儿一个 1500 美元？"

约　翰："对呀，你投资 3000 美元购买两台新型数据机，一年下来还能节省 9000 美元呢！"

从客户的利益角度出发，引起对方好奇心的可能性更大，因为你所说的正是他当下最关心的事。

开始即抓住客户注意力的一个简单办法是，去掉空泛的言辞和一些多余的寒暄。为了防止客户走神或考虑其他问题，在销售的开场白上要多动些脑筋，开始的几句话必须是十分重要而非讲不可的，表述时必须生动有力，句子简练，声调略高，语速适中。讲话时销售员要目视对方双眼，面带微笑，表现出自信而谦逊、热情而自然的态度，切不可拖泥带水、支支吾吾。一些销售高手认为，一开场就使客户了解自己的利益所在是吸引对方注意力的一个有效思路。

第二章

用心倾听，会听的销售最精明

业务精英都是懂得聆听的人

每一个人都具有强烈的自我主张和表现欲。所以当我们高谈阔论时，会觉得比做一个静默的听众愉快。因此如果有一个人能很专注、诚恳地听我们说话，我们必如获知音，不由得对他产生好感。

"你说的对极了！"

"有机会我一定再来请教。"

"谢谢你！你的一番话使我获益匪浅，让我度过了一个既愉快又有意义的夜晚！"

如果有人对你说这些话，你会有何感想？西谚云："不为任何言语所惑之人，也必为迷惑自己之言者所惑。"这句话可谓道尽了人类这种奇妙无比的心理。

若问销售的秘诀是什么，那就是：倾听客户说话。

所有高明的销售员，都躬身实践这个原则而获得了丰硕的成果。百货店的柜台小姐亦同，当客人有所批评或抗议时，与其费尽唇舌说明解释，不如静静地听客人诉说，即使再严重的抗议，我们也要谨守静听的原则，让对方觉得满足。

"这件事你的看法呢？"

"你想应该怎么做才好？"

当我们如此请教别人时，不仅表示我们承认他人的价值，让他人有被重视的感觉，同时也满足了他人喜求表现的欲望。因此我们的交谈对象心里愉快了，对这件事情也就越发兴趣盎然了。

一个善言却不顾他人兴趣、感觉之人，往往会让人敬而远之，因为他们独占了话题，剥夺了他人说话的权利和喜悦。

我们分析一下便可发觉，一般人日常的谈话，大多不离和自己有关的事情，例如遇到了一件什么事情，有怎样的感受。一个人对诉说自己的事情是最有兴趣的，倾诉时也最感到愉快，可是我们不能忘记，别人也同样喜欢诉说有关自己的事情。

所以，一个人如果滔滔不绝地诉说自己的事情，很容易招致别人的反感，大家在心里会认为，这个人真是目中无人。

这句话说得真不错。只关注自己的人，是不经大脑思考的人。我们该陶醉在自说自话，而招致他人反感，还是应选择听别人说话而获得别人的感激呢？这似乎是不必多加考虑的。

有效的、目标明确的倾听能够让你心里清楚客户正在买什么或希望买什么，而不是你在尽力销售什么。有了这种信息的储备，你会发现销售变得容易很多。

康福公司是一家地区性的沙发工厂，刘琪是厂里的销售员。朗达家具店新开张没多久，陈列室还没装修好，所以刘琪想上门销售。

刘　琪：“朗达，谢谢你给我机会介绍我们的产品。”

朗　达：“欢迎你来。”

刘　琪：“容我介绍康福的最新系统产品——安逸。你也知道，现在客户比较喜欢颜色亮一点的家具，老旧的款式已经不流行了。为了符合消费者的需求，我们的‘安逸’系列正式问世；客户想要的任何颜色—深红、紫色、黄色、亮粉红色等，应有尽有。而且，我们为零售商提供客户订制的家具，你的客户要粉红底座沙发，可以；要粉红椅垫，没问题！选择我们的产品，你可以让客户设计自己的沙发，订制不另加价，两天交货，价钱嘛，标准型只要 350 元，很不错吧？"

朗　达："嗯，那么……"

刘　琪："我的解说很清楚了吧？还有什么你想知道的吗？"

朗　达："你说得很清楚。只不过，嗯……我想年轻人会很喜欢你们的东西，可是你知道，这附近有不少退休老人的公寓，我打算把我的目标客户锁定在比较年长、有稳定收入的人，进货也以典雅、价钱合理的款式为主。"

听到这儿，你也只能"噢"一声了！

最后，刘琪只好跟朗达握手道别。康福其实也生产古典高雅的家具，但在大力吹嘘"安逸"系列后，刘琪等于已经失去了客户，此时再回头谈康福古典家具，为时已晚了。

销售员身上最大的毛病，就是说得太多。初次与客户见面，应保持一种聆听的心境。仔细聆听，适时点头和微笑，可以在无形中鼓励对方继续表达他的思想。我们有两只耳朵，却只有一张嘴巴，听与说的比例，也是以此为准。聆听，可以融入对方的思绪，想要成为业务高手绝对要懂得聆听。

不会听就肯定不会说

倾听是谈判者所能做出的最省钱的让步方式。如果你认真倾听对方的谈话，对方会认为你很有礼貌，觉得你对他很尊重，因而，谈及交易条件的时候，也就会顺利得多。其实倾听在解决日常生活中的一些问题时是非常有效的。

纽约电话公司碰到过这样一件相当棘手的事情：一名客户非但痛骂公司接线生，拒绝缴纳电话费，甚至还四处投书，借诸报纸来攻击该公司，最后还列举出多项罪名，公开指控纽约电话公司。

公司无奈之下终于派出了他们处事手腕最高明的一位说客，登门拜访这位暴躁凶悍的客户。他在拜访这位先生时，所做的唯一的事就是专注地听对方将满腹牢骚倾泻出来，并一再点头称"是"。

这位说客事后在公司向大家讲述道："他在我面前大吼大叫足足三个小时，而且我前后总共听了四次，他似乎从未见过一个肯如此耐心地听他把话说完的电话公司人员，几次交谈之后，他的态度果然变得比较友善，最后不但缴清积欠的电话费，而且连控诉也一并撤销。"

表面看来，这位先生固然是义正词严，誓死要为公众权利与电话公司争个高下，而事实上，他真正需要的，不过是一种受到重视的满足感。刚开始，他是借着暴跳如雷、攻讦谩骂来获得这种满足，一旦他能从电话公司派出的代表身上获得这种受重视的满足感，原先的敌意自然就化于无形了，这就是倾听带给人们的好处。

世界上最著名的影剧记者伊撒克·马卡逊曾明确指出，世上许多人之所以不能留给人良好的印象，正是因为他们不能耐心地做一个很好的听众。他说："人们只关心自己接下来要说的话，所以根本不肯耐心地去听人家把话说完……多数大人物都曾告诉过我，他们喜欢的是肯耐心听话的人，而不是那些争着要发表意见的人。而听人说话这门艺术，却非一蹴可及，真正懂得它的人，是非常少的。"

那么如何才能使倾听成为丝毫无损的"让步"妙招呢？

1. 制造说话的气氛

自认为不会说话的人很多，自认为会听话的人也很多，这实在是很矛盾，因为说话和听话两者之间有相当密切的关系。自认为会听话的人越多，相对地，会说话的人也应当越多才对；不会说话的人越多，也一定会产生很多不会听话的人。

说话者的话会受到听者态度的影响。如果感到"和他好难沟通""很难向他表达"，那表示听话者听的态度有问题。

成功学的大师们曾做过一个试验，让几个人聆听一个人说话，对于说话者的前半发言他们要频频微笑、点头示意；到了后半时，几个人则或低下头，或打呵欠，或交头接耳；前后态度整个改变了。根据调查结果显示，说到后半时，说话者乱了调子。这只是个试验，而事实上，在真正的交际场合，听者是造成说话者说话混乱的主因。

下面是一些不好的听话态度：闭目养神；无动于衷；咧嘴傻笑；不管讲得好坏，都非常满意；认为听讲是施给说话者的恩惠；急躁不安，两眼直瞪着说话者；心不在焉；一副不以为然的表情——这些听讲态度，会惹恼说话者，并使他最后丧失自信，再也不敢说话了。

在倾听时，可以充分地提供足以刺激说话者思考的问题——询问会使对方心门闭锁，揭示型的问题会使话题活泼。

同时，选择适合的场合——场合如太严肃，对方会郑重其事，相反地，如果太嘈杂，又会分散注意力。如有第三者存在，就是想说话也说不出来了。

在倾听时应放松心情——听者若全身紧张，这种情绪马上会传染给说话者。

2．仔细地倾听

当自己说话时，看到对方"嗯！嗯！"频频点头地倾听着，心里想必很高兴，有一种被尊重的满足感。谚语说："善于听别人说话的人能言善道。"为了要让自己说话，首先必须学会仔细听别人说话。相反地，不仔细聆听对方的谈话内容，就无法了解对方话里的含义，这样一来犯错的可能性就会增加。哥伦比亚大学校长尼古拉斯·墨瑞·巴德勒说过这样一段精彩的话，如果你想让人讨厌你，在背后说你坏话，甚至严重地鄙视你，最简单的方法就是：永远别听他人的倾诉，只管滔滔不绝地扯你自己的事，时时伺机打断别人的话，改由自己来发表。

这位校长告诉我们的道理是，如果你希望自己变成一个很好的谈话对象，一定要先从一个好的听众做起。任何时候，都要问对方乐于回答的问题，鼓励对方敞开心胸、淋漓尽致地吐出心中的话。

查尔斯·诺顿·李夫人曾说："要想让别人对你的事感兴趣，得先表现出你对别人的兴趣。"不论跟你谈话的人是谁，他对自身问题的关心程度，绝对超出他对你的问题百倍。只要能随时想着这一点，你在谈判桌上的收获就会非常丰厚。

有效聆听也是销售技巧

销售大师说，要允许客户有机会去思考和表达他们的意见。否则，你不仅无从了解对方在想什么，而且还会被视作粗鲁无礼，因为你没有对他们的意见表现出兴趣。

最重要的是，洗耳恭听可以使你确定客户究竟需要什么。

譬如，当一位客户提到她的孩子在私立学校就读时，房地产经纪人就应该明白，所推销的住宅小区周边学校的质量问题对客户无关紧要。同样，当客户说"我们不属于那种喜欢户外活动的人"，房地产经纪人就应该让他们看一些占地较小的房屋。

很显然，对于销售员来说，客户的某些语言信号不仅有趣，而且肯定地预示着成交有望。

要是一个销售员忙于闲谈而没有听出这些购买信号的话，那真是糟糕透顶！出色的销售员必须像对待谈话一样掌握聆听的技巧，然而这却是销售行业中最容易被忽视的一个问题。

一次，卡耐基同一位名人（假定为 A 先生吧）在晚餐会上交谈。席间，卡耐基自始至终只是充当了一个听 A 先生讲话的角色。事后，A 先生却向晚餐会的主持者赞扬卡耐基是一个非常善于交谈的人。得知此事后，卡耐基不禁大吃一惊，说："我只是很认真地在听他讲话而已。"

各位已经明白了这段小故事的真正涵义了吧。富有魅力的人大多是善于倾听他人言谈的人，真正善听人言者比起善言者更能感动对方，更能唤起对方的亲近感。

晓倩在某生命保险公司从事外勤工作已近 20 年了，是个经验非常丰富的行家。她在说服客户上保险时不采用劝说的方法，这正是她与其他外勤人员的不同之处。别人通常的做法是在客户面前摆上好几本小册子，然后向他们说明到期时间和效益，并口若悬河地以一种非常熟练的语调反复讲述客户在投保后，将能得到多大的好处。

而晓倩却与此相反，她总是从对方感兴趣的话题说起、稍微谈谈自己在这方面的无知和失败的体会。原本对劝说投保一事而稍存戒心的对方，因为晓倩谈的是自己喜欢的话题，便无意中放松了戒心。之后晓倩则变为倾听者，并为对方的讲述而感到钦佩和惊叹。

少时，话题不知何时又转到人生的烦恼和对将来生活的规划上来了。晓倩依然还是专心地听着，而对方却不知不觉地倾吐了内心的烦恼，谈了自己对将来的理想和希望。直到最后，客户却主动地说出投保的想法——"这么说，还需要适当地投保啊！"至此应该说，晓倩实在是一个善听人言的高手啊。

不过，可以断言的是，晓倩并不是因为生意的缘故而装出一副倾听对方言谈的样子的。与此相反，晓倩在这段时间里甚至忘记了工作，而是在诚心诚意地、极其认真地听对方讲话。也正因为如此，对方才会对她敞开心扉，吐露真情。即便在旁人看来，他们之间的对话像是单方面的，但实际上，这二人在进行着心灵上的交流和沟通。

做一个善听人言者，比任何一个雄辩者都要吸引人，同时你也有可能得到一个意想不到的收获。

销售中耳朵胜于嘴巴

聆听是了解客户需求的第一步。听客户说出他的意愿是决定采取何种销售手段的先决条件，听客户的抱怨更是解决问题、让客户对产品重拾信心的关键。

客户不喜欢聒噪的销售员，因为那样会让自己看起来很蠢。但是他们会对那些肯听取自己意见并及时做出反应的销售员心存好感。

对于销售员来说，聆听除了能表示对客户的尊重外，还有以下两个优点。

第一，听客户说的时候销售员才有空思考。如果销售的说辞只是单方面由销售员来"推"，客户就会不断地退，销售员越是不断地说很好，客户越觉得烦恼，效果自然不佳。销售员强力推荐商品时不断重复的话语，充其量只是在演练先前所学习的说辞而已，销售员反而没有时间思考其他的说法，更无法针对客户的问题给予解答。如果善于聆听，引导客户说出心中的想法，销售员就可以利用在一旁倾听的时间想其他对策，使成交率提高。

第二，聆听客户还可以找出客户拒绝的症结所在。面对面销售时最令人泄气的，莫过于客户冷淡的反应与不屑的眼光，这对销售员的信心是一种沉重的打击。许多客户在问答之中会应付式地说几句客套话，这是因为担心说出需求后，会被销售员逮住机会而无法逃脱，于是客户会尽可能地采用能拖就拖、能敷衍就敷衍的策略来拖延。要想去除这个困扰只能想办法让客户说，并且通过询问令他务必说出心中的想法及核心的问题，这样才能找到销售的切入点。况且听得多，对客户的各种情况、疑惑、内心想法自然能了解得更多，再采取相应措施解决问题时，成功率一定会提高。

著名销售员乔·吉拉德说过这样一句话："上帝为何给我们两个耳朵一张嘴？我想，意思就是让我们多听少说！倾听，你倾听得越长久，对方就会越接近你。"

人们总是没有耐心听别人说，所有的人都在抢着说。再也没有比拥有忠实的听众更令人愉快的事情了。在人际交往中，多听少说，善于倾听别人讲话是一种很高雅的素养。因为认真倾听，体现了听者对说话者的尊重，故而人们往往会把忠实的听众视作知己。对于销售员而言，积极倾听客户的谈论，有助于了解和发现有价值的信息。

一位成功的保险销售员对如何使用倾听这个销售法宝深有体会："一次，我和朋友去一位富商那儿谈生意。上午 11 时开始，6 小时后，我们才走出他的办公室来到一家咖啡馆放松一下。看得出来，我的朋友对我谈生意的方式很满意。第二次谈判定在午餐后 2 时开始，结果直到下午 6 时才结束，如果不是富商的司机来提醒，恐怕我们还要谈得更晚。知道我们在谈什么吗？实际上，我们仅仅花了半个小时谈生意的计划，却花了 9 个小时听富商讲他的发迹史。他讲他自己是如何白手起家创造了一切，怎么在年届 50 岁时丧失了一切，然后又是如何东山再起的。他把自己想对别人说的事都对我们讲了，讲到最后他非常激动。

很显然，多数人用嘴代替了耳朵，富商少有机会如此畅快地讲述自己的故事。而我们只是用心去听、去感受。结果是富商给其 40 岁的儿女投了人寿险，还给其生意保了 10 万元的保险。我对于自己能否做一个聪明的谈判者并不在意，我只想做一个好的聆听者，毕竟只有这样的人才能到哪儿都受欢迎。"

每个人都有听的能力，但必须掌握聆听的技巧。

通常销售员倾听客户谈话时容易犯的毛病是只摆出倾听客户谈话的样子，而内心却等待机会将自己想说的话说完。这种沟通方式的效果是相当差的，因为销售员听不出客户的意图和期望，其销售自然也就没有目标。培养倾听的技巧有以下几种方法：

一是站在客户的立场考虑问题，培养积极的倾听态度，了解客户的需求和目标。销售员有时候应该反问自己："既然客户都有耐心倾听我对产品的介绍，我又为什么没有耐心倾听客户对需求的陈述呢？"其实将客户的陈述当作是一次市场调查也是相当不错的主意。

二是保持宽广的胸怀。不要按照自己想要听到的内容做出判断，对客户的陈述不要极力反驳，以免影响彼此的沟通。

三是让客户把话说完。不要打断客户的谈话，客户的倾诉是有限度的，让客户把自己的需求说清楚，这样销售员才能依照客户的表述决定自己该说什么和怎么说、该做什么和怎么做。

四是不要抵制客户的话。即使客户对销售员持批评的态度，也不能打断客户予以反驳，要通过倾听找到可以解释的地方。抵制客户的话往往会导致客户采取抵制态度。

五是信任客户。相信客户的诉说是有理由的，他不会平白无故，也不会不着边际，所以销售员要理解客户的心情，从客户的诉说中找出隐情，以便有针对性的销售。

此外，聆听客户讲话，必须做到耳到、眼到、心到，同时还要辅之以一定的行为和态度。现将倾听要注意的细节归纳如下：

一是身子稍稍前倾，专注听客户说话，这样是对客户的尊重。

二是注视客户，不要东张西望。

三是面部要保持很自然的微笑，适时地点头，表示对客户言语的认可。

四是适时而又恰当地提出问题，配合对方的语气表达自己的意见。

五是可以通过巧妙的应答，引出所需要的话题。

请时刻记住，倾听也是一门艺术。作为一名销售员，要从心态上放低自己，从现在开始，要多听多看，如果你把对方当作世上独一无二的人对待，就会发现自己比以往任何时候都善于与人沟通。

会闭嘴比会说话更重要

有些销售员以为只要自己全面地介绍产品，客户就会购买，但是事实并非如此。我们说太多的话，客户不一定愿意听；相反如果我们多听客户说，客户反而会购买。在销售过程中客户的意愿永远是最重要的，我们不过起到一个桥梁的作用，在产品与客户之间建立起必要的联系。因此，在客户说话时，我们要闭嘴，这也是对客户的一种服务。

在销售过程中，客户并不喜欢被动地聆听产品介绍，接受我们的劝说，他们也需要表达自己的要求和意见。因此，我们要学会倾听客户的话，以此来得到有效信息，了解客户的需求和意向。

我们倾听客户讲话，其实也是给予客户一种"被重视"的感觉，让客户认为我们愿意听其所想，尊重他们的需求，这样客户就会喜欢与我们交流。在销售中，听懂客户的想法，才能把握客户的需求，否则会错了意，说再多，也只是徒劳。

一对夫妇想给孩子买一些百科读物，书店销售员过来与他们交谈。

销售员："这套书的装帧是一流的，整套都是这种真皮套封烫金字的装帧，摆在您的书架上非常好看。本书内容按字母顺序编排，这样便于资料查找。每幅图片都很漂亮逼真，比如这幅，多美。"

客　户："我看得出，不过我想知道的是……"

销售员："我知道您想说什么！本书内容包罗万象，有了这套书就相当于拥有了一套地图集，而且还是附有详尽地形图的地图集。这对你们一定大有用处。"

　　客　户："我是为孩子买的，让他从现在开始学习一些东西。"

　　销售员："这套书很适合小孩子的。它有带锁的玻璃门书箱，这样您的孩子就不会将它弄脏，小书箱是随书送的。我可以给您开单了吗？"

　　客　户："哦，我考虑考虑。你能不能找出其中的某部分比如文学部分，让我们了解一下其中的内容？"

　　销售员不理会客户的问题，继续急切地说："本周内有一次特别的优惠抽奖活动，现在买说不定能中奖！"

　　客户最后失望地说："我恐怕不需要了。"

　　案例中的销售员自顾自地介绍着产品，并没有用心倾听客户的需要，而是完全站在自己的角度上介绍产品，最终没有抓住客户的需求信息，成交失败。一个成熟的销售员在客户说话时，要学会保持安静，认真聆听客户的需求信息，并且尽力满足对方，这样成交也就不在话下。

　　服装经销商黄先生经常向一家服装生产厂家订货，持续了将近五年的时间。他的朋友好奇地问："你为什么对那家服装厂家感兴趣呢？他们的产品并不是质量最好的呀？"

　　黄先生回答说："我之所以会大量购买他们公司的产品，是因为我非常欣赏他们的销售员，他们总让我有说话的机会，我认为他们的销售员是我所见到的销售行业中最棒的。"

　　正因为服装生产厂家的销售员认真倾听了黄先生讲话，才抓住时机满足了客户的内心需求，同时让黄先生产生被重视的感觉，所以交易能够一直持续下去。

　　管理学专家汤姆·彼得斯和南希·奥斯丁在《追求完美》一书中谈到

倾听的重要性，他们认为，有效的倾听至少可以使销售员直接从客户口中获得重要信息，这样就可以尽可能地免去事实在输送过程中被扭曲的风险。他们还认为，有效的倾听还可以使被倾听者产生被关注、被尊重的感觉，从而更加积极地投入到整个沟通过程当中。

因此，我们无论是拜访客户，抑或是与客户谈判，不要一面对客户就慷慨陈词，而是应该通过各种方式去了解客户的真正需求，尽可能的让客户多说话，从倾听中牢牢掌握客户的心理，紧紧地抓住客户的需求信息。他们说的越多，透露的心理越多，我们掌握的信息就越多，何况客户在诉说的过程中，自己也会坚定购买的决心。

聆听中捕捉客户的购买信号

在销售沟通中，准确地把握时机是相当重要的。如果客户没有发出购买信号，说明销售工作还没做到位，还应该进一步刺激而不宜过早地提出交易。

客　户："好极了，这款吸尘器看起来正是我们想要的。"

销售员："这款产品的确非常适合你们。"

客　户："如果一旦发生了问题，你们真的会随时上门维修吗？"

销售员："当然，只要打一个电话。"

客　户："以前我们总是担心服务问题，如果是这样的话，现在我放心了。"

销售员："我们的服务堪称一流，拥有行业内最大的售后服务队伍。"

客　户："这个我也知道了，而且价格也很合理。"

销售员："您放心吧，我们已经给出了最低的价格，还是找总经理特批的呢！"

客　户（沉默了一会儿）："我们能付款了吗？"

销售员（松了一口气）："太好了，我早准备好了。"

从这个案例中我们可以看到客户通过自己的语言向销售员发出了购买信号，明确表明了自己对这款吸尘器的兴趣和认同，同时，销售员也把握住了时机，适时与此客户成交，获得了成功。

在销售沟通的过程中，客户为了保证自己所提出的交易条件，往往不愿主动提出成交意向。但是，客户的购买意向总会有意无意地通过各种方式流露出来。这时就要发挥销售的技巧，捕捉到购买信号。有利的成交机会，往往稍纵即逝，好在虽然短暂，但并非无迹可寻。客户有了购买欲望时往往会发出一些购买信号，有时这种信号是下意识地发出的，客户自己也许并没有感觉到或不愿意承认自己已经被销售说服，但他的语言或行为会告诉销售可以和他做买卖了。

那么客户会怎样向销售员传达他们的购买信号呢？下面为大家列举了客户会发出购买信号的情况：

1. 当客户对某一点表现出浓厚的兴趣时

"能谈谈你们的产品是怎样降低成本的吗？"

"你们的产品优势在哪里？"

"能重新说一下吗？我拿支笔记一下。"

"邻居刚刚买了你们的产品，我问问看他们对你们产品怎么看。"

2. 当客户很关心产品或服务的细节时

"这个产品的价格是多少？有折扣吗？"

"产品的质量怎么样？"

"你们产品的保修期是多久？多长时间可以包换？"

"什么时候能送货？"

"如果我认为不满意，那怎么办呢？"

"不知道能否达到我的要求？"

"让我仔细考虑一下吧！"

"有礼品赠送吗？"

3. 当客户不断认同销售员的看法时

"对，我同意你的观点。"

"我也这么想。"

"听我朋友说，你们的产品确实不错。"

4. 深入了解产品或服务的很多细节后，客户沉默思考时

如果这时客户保持沉默，没有直接回答销售的问题，这其实也是一个很好的促成机会，你应该果断出手。

"您还有哪些方面不太清楚呢？"

"关于我们公司的专业能力方面您还有什么不放心的地方吗？"

5. 在销售员回答或解决了客户的一个异议后

"你的回答我很满意，但我觉得我还是需要考虑一下。"

"在这方面我基本上对贵公司的产品有了初步的了解。"

"哦！原来是这样的，我明白了。"

第三章

话要巧说，引爆客户的需求点

以客户感兴趣的话题开头

销售通常是以商谈的方式来进行，但是如果有机会观察销售员和客户在对话时的情形，我们就会发现这样的方式太过严肃了。

对话之中如果没有趣味性、共通性是行不通的，而且通常都是由销售员迎合客户。倘若客户对销售员的话题没有一点点兴趣的话，彼此的对话就会变得索然无味。

销售员为了和客户之间培养良好的人际关系，最好尽早找出共通的话题，在拜访之前先收集有关的情报，尤其是在第一次拜访时，事前的准备工作一定要充分。

打过招呼之后，谈谈客户深感兴趣的话题，可以使气氛缓和一些，接着进入主题，效果往往会比一开始就立刻进入主题来得好。天气、季节和新闻也都是很好的话题，但是大约1分钟就谈完了，所以很难成为共通的话题。所以，对于客户感兴趣的东西，销售员多多少少都要懂一些，要做到这一点必须靠长年的积累，而且必须靠不懈的努力来充实自己。

人们通常对销售者敬而远之，甚至深恶痛绝，这是劣质销售文化造成的。经验丰富的人甚至练就了拒绝销售的高招，拟好了各种各样的借口和理由，准备给来犯的销售员当头一棒。面对这些状况，聪明的销售员会审时度势，避免正面销售，从对方意想不到的角度切进去。那就是：投其所好。

投其所好，对潜在客户最热心的话题或事物诚挚地表现出极大的兴趣，巧妙地引出话题后，多多应和，表示钦佩。

美国超级销售员乔·吉拉德曾因一时分心丢了一笔到手的生意。那一次，一位即将签约的准客户兴致勃勃地说起他上医学院的儿子，而乔·吉拉德对此心不在焉，侧耳听着其他销售员讲的话，准客户见状突然说他不想买车子了……后来，吉拉德好不容易弄清对方是因为他在说"儿子、儿子、儿子"时，吉拉德都在念叨"车子、车子、车子"，才转而找别人买了车！

光知道这些道理还不够。

股票、体育、影视、文学、曲艺、商业……人的兴趣多种多样，一个人不可能样样精通，除了对一些重要人物的特殊嗜好要下功夫钻研（比如见到一位大人物的家中挂着猎枪，就要对射击进行一番研究）外，你没有必要什么都学。人的精力是有限的，对各方面你了解一些常识就够了。你要做的仅仅是引起特殊话题，多多应和。如果在交谈中，你的知识确实不足以跟上对方的思路，你可以说："我一直想学××（或了解××），可就是学不好。你这么精通，真是了不起！"这样不仅化解了你的尴尬，也让对方觉得你很好学，更愿意与你交谈。

一个出色的销售员，应该利用种种因素积极行动，要怎么做呢？其实一点都不难，难的是你问过的事情一定要记住，不要问好几次同一件事情依然记不住，那只能表明你根本没有诚心！

学会吊起客户的胃口

"利诱"是销售成交的关键，要"诱惑"成功，销售员就要知道如何激发客户的好奇心，吊起对方的胃口。一旦吊起客户的胃口，再加上利益相诱，客户自然不会轻易拒绝你。

夏末的时候，一家服装店积压了一批T恤。老板一筹莫展时，在路边一水果摊前看到一个牌子写着"每人限购1000克"，引得过路的人争相购买。

服装店老板豁然开朗，赶紧回到店里，让店员在门前的广告牌上写明"本店售时尚T恤，每人限购一件"，并嘱咐店员，凡购两件以上的，必须让店长批准。

第二天，过路人纷纷进店抢购，好多人都涌入办公室找店长特批超购，没多久，店里积压的T恤就销售一空了。

在这个案例中，服装店老板运用了客户的逆反与好奇心理：你们的产品越多，越急于让我买，我越不买；你越对产品"遮遮拦拦"，我越好奇，非要弄个清楚明白不可。于是，这个老板利用客户的这一心理成功地将积压的产品销售一空。

日本销售之神原一平说："我要求自己的谈话要适可而止，就像要给病人动手术的外科医生一样，手术之前打个麻醉针，而我的谈话也是麻醉一下对方，给他留下一个悬念就行了。"设置悬念是吸引客户的好方法。好奇心是一种非常普遍的心理，如果我们激起了客户的好奇心，客户就会对我们的产品更感兴趣。

刘楠是一位腰带销售员，他多次去拜访一家百货商店的老板，但老板都以该店有固定的腰带供应商的理由将他拒绝了。

一天，刘楠带着产品又来了，这次他首先递给老板一张便笺，上面写着："你能否给我几分钟时间，让我就本店的经营问题提一点建议？"

这张便条引起了老板的好奇心，刘楠被请进了门。

刘楠拿出一种新式腰带给老板说："这种腰带用了一种特殊的香料，这种香料是昂贵的，而且制作工艺比普通的复杂 10 倍。它戴起来让人浑身有一种淡淡的香味，令人心情畅快，它深受年轻人喜爱。鉴于此，请你报一个公道的价格。"

老板开始仔细地端详这些产品，突然，刘楠说："不好意思，时间差不多了，我不能耽误你的时间，我得走了。"说完，拎起包就要走。

老板急了，要求再看看那些腰带。最后，按照刘楠所报的价格，老板订购了一大批货。

案例中，刘楠利用老板的好奇心成功地将自己的产品销售了出去。如果他直截了当地去约见老板，可能还会被拒绝；但是通过一张小小的便笺，却引起了老板的好奇心，赢得了老板对产品的关注。可见，在销售过程中，如果我们巧妙地利用客户的好奇心去设置悬念，让客户对我们的下一步行动感到好奇，那么，在揭示悬念的同时，交易也就自然完成了。

要想让客户对我们的产品感兴趣，我们就要根据产品及自身的特点给客户设置一些悬念，吊起客户的胃口，搞定并留住客户。当然，在设置悬念前，也要考虑客户是否愿意接受，针对不同性格的客户选用不同的方法，否则弄巧成拙，不仅产品卖不出，还会惹得客户反感。

主动承认产品的缺点

俗话说的好，"家丑不可外扬"。对销售员来说，如果把自己产品的缺点讲给客户，无疑是在给自己的脸上抹黑，连王婆都知道自卖自夸，见多识广的、优秀的销售员怎么能不夸自己的产品呢？

其实，宣扬自己产品的优点固然是销售过程中必不可少的环节，但这一点在实际执行中是有一定灵活性的，在某些场合下，对某些特定的客户，只讲优点不一定对销售有利。在有些时候，适当地把产品的缺点暴露给客户，是一种策略，一方面可以赢得客户的信任，另一方面也能淡化产品的弱势而强化其优势。适当地讲一点自己产品的缺点，不但不会令客户退却，反而会赢得他的深度信任，从而更乐于购买你的产品。因为每位客户都知道，世上没有完美的产品，就好像没有完美的人。面对客户的疑问，要将产品的缺点坦诚相告。刻意掩饰，客户不但不会相信你的产品，更不会相信你的为人。

平庸的销售员总会奉行一个原则，就是永远讲自己产品的优点，从来不讲自己产品的缺点。他认为，那样自曝家丑，怎能卖出去产品呢？而优秀的销售员就懂得这个道理，他知道在什么时候巧用这个规则可以使销售取得成功。下面就是一个有关这样的优秀的销售员的例子。

一个不动产销售员，有一次他负责销售 K 市南区的一块土地，面积有 80 平米，靠近车站，交通非常方便。但是，由于附近有一座钢材加工厂，铁锤敲打声和大型研磨机的噪音不能不说是这块土地的缺点。

尽管如此，他仍打算向一位住在 K 市工厂区道路附近，在整天不停的噪声中生活的人推荐这块地皮。原因是其位置、条件、价格都符合这位客人的要求，最重要的一点是他原来长期住在噪音大的地区，已经有了某种抵抗力，他对客人如实地说明了情况并带他到现场去看。

"实际上这块土地比周围其他地方便宜得多，这主要是由于附近工厂的噪音大，如果您对这一点不在意的话，其他如价格、交通条件等都符合您的愿望，买下来还是合算的。"

"您特意提出噪音问题，我原以为这里的噪音大得惊人呢，其实这点噪音对我家来讲不成问题，这是由于我一直住在 10 吨卡车的发动机不停轰鸣的地方。况且这里一到下午 5 点钟噪音就停止了，不像我现在的住处，整天震得门窗咔咔响，我看这里不错。其他不动产商人都是光讲好处，像这种缺点都设法隐瞒起来，您把缺点讲得一清二楚，我反而放心了。"

不用说，这次交易成功了，那位客人从 K 市工厂区搬到了 K 市南区。

优秀的销售员为什么讲出自己产品的缺点反而成功了呢？因为这个缺点是显而易见的，即使你不讲出来，对方也一望即知，而你把它讲出来只会显示你的诚实，而这是销售员身上难得的品质，会让客户对你更加信任，从而相信你向他推荐的产品的优点也是真的。最重要的是他相信了你的人品，那就好办多了。

假如你是汽车经销商，对那些学历高的客户，在某种程度上既要讲车的优点又要强调它的缺点；对学历低的人要尽量强调长处；对那些有独立见解的人，如果光讲长处，将产品说得过于完美，反而会引起他们的疑心，令他们产生完全相反的看法。

因此，即使有的产品的缺点一时看不出来，客户回去打听也很容易得知，你还不如当时就给他讲清楚。理智型的客户明白，任何产品都是不可能没有缺点的，你讲出来，他会觉得很正常，他还会觉得其他产品的缺点不过是销售员不告诉他罢了。如果那个缺点不是什么大缺点，无关紧要，而对方又比较懂，那么这样做只会对你的销售有利。

优秀的销售员善于灵活使用这个方法，他会根据商品的不同情况，根据客人的不同情况，清楚地说出商品的缺点和优点，从而取得客户的信任，促成购买。

从孩子的话题中突破销售的阻力

有些东西某个人不一定会认为那是他本人所需要的，但是一旦你将话题提到孩子身上，百分之百能按下大人心里的按钮。孩子就是家长的心尖，家长总是会欣然为孩子花钱。

连续几个月，销售员李力一直想向某私立大学著名教授销售教育保险。根据以往的经验，这种保单应该是很好做的，教授和教授夫人应该都是极重视教育的人。可这回不管李力如何说服，他们对保险都兴致不高。

某天又去，只有教授夫人一个人在家，李力就又跟她说起教育保险，她仍然没什么兴趣。

李力放眼在屋子里寻找，一眼看见了立柜上的照片，就挺有兴趣地走了过去，一张一张看起来。

"噢，这位是……"

"是我父亲，他可是位了不起的医生。"

"医生这一行可真了不起，救死扶伤。"

"是啊。我一直很崇拜的，可惜我丈夫是个文学教授……"

说到这，李力觉得自己有了点想法，或许可以试一试，就又把话题扯开，聊起了教育保险。当谈话无法进行之时，李力就不无遗憾地对她说："太太，我今天来这里以为会碰上一个真正关心子女的家长，看来是我错了，真遗憾！"

好强的教授夫人，对这一"诱饵"迅速地做出反应，说："天下父母哪有不希望儿女成材的。我那个儿子，一点也不像他父亲，头脑不灵光。他父亲也说，这孩子不聪明，无法当学者。"

李力甚表惊讶地说："父母是父母，孩子是孩子，你们随随便便地认定孩子的将来是不对的，父母不能只凭自己的感觉就为孩子定位。"然后又诚恳地说，"您和您丈夫是想让孩子读文科吧！"

"可不，他父亲一直想让孩子在文学上有所成就，可这孩子对文学没什么兴趣，倒是对理工科挺感兴趣。这孩子特喜欢待在外公的诊所里，而且他理工科成绩还不错。"

"这样的话，你们应该让孩子自己来选择自己的专业。"李力由衷地说，教授夫人也接受了李力的观点，开始计算起孩子的成绩，并进行归纳分析，一时显得挺高兴的。

之后，李力就不断地提供意见给教授夫人：如果上医学院，至少要花20万元，还有其他琐碎的开销……

其实教授夫人一直期盼儿子能青出于蓝而胜于蓝，希望孩子能够上医学院，以证明他的能力不输给父亲。李力看出了这一点，一下子触发了她的心动钮，不断扩大一个母亲的梦想。于是她当场买下李力推荐的"5年期教育保险"。

观察客户周围的事物，设法找到客户的心结，然后打开它，客户就没有理由拒绝你。而这个"心结"通常都是由孩子来充当的。

一流的销售员一定都是善于利用各种各样的资源为销售铺路的人，他们绝对不会放过孩子这一环节。

夏目志郎在日本销售小孩用的英语百科全书时，照相机对普通家庭来说还是奢侈品，一张照片会花掉好几百日元。照片在很大程度上能引起客户的注意和好奇。

夏目志郎把目标客户锁定在中产阶级家庭住宅区。他每天在住宅区前，注视着那些正在玩耍的孩子们，并找机会给小孩拍照。他总会选择几张满意的照片送给小孩。当他拿着小孩的照片按响小孩家长的门铃时，出来开门的大部分是小孩的母亲。

夏目志郎发现，人都有一种共同的心理，尤其是女性，爱自己所拥有的，只要是别人表达了好感，那么，她也会对对方回报以好感，而且有过之而无不及。每当年轻妈妈看到自己小孩那展颜欢笑的照片时，都高兴不已，她们会百般道谢。这时，夏目志郎的身份已不是靠销售产品赚取佣金的人，而是客户的客人了，接下来的销售自然顺利了许多。

对孩子直接进行投资，可获得长期回报。

孩子没多少钱，但父母为孩子，舍得大把花钱，所以，孩子们不仅是家里的"小皇帝""小公主"，也是市场上的"小上帝"。

讨好孩子是很划算的，取得了孩子的欢心，等于取得了孩子父母的欢心；而且孩子是比大人更长期的客户，有远见的生意人甚至考虑到了若干年后孩子们的孩子。

十个孩子十个爱玩，很多孩子爱学习，是表现给老师和家长看的。若是给他们100%的自由，最爱学的孩子可能也会将课本扔进垃圾堆。所以，很多既好玩又不用多动脑筋的东西，孩子们非常喜欢。

据说多年前，迪士尼想出了"米老鼠"这一动画形象，并立即动手绘制，准备以米老鼠为主角拍摄动画片。刚开始画出的米老鼠图案，怎么也看不出美感，因为老鼠的原型是令人讨厌的。迪士尼深入到儿童中间，带去各种米老鼠的图案，注意观察儿童们的反应。深入生活的磨炼，使迪士尼对儿童心理的变化了如指掌，增加了对儿童心灵世界的感性认识，他把这种情感凝聚在米老鼠的一举一动上，通过人格化的虚拟，使米老鼠一下子变得可爱起来，成为活生生的儿童伙伴。

米老鼠的形象在动画片中占据了主要地位，它吸引了千千万万的儿童。迪士尼的生意有了眉目，他决定把动画片中的米老鼠渗透到儿童食品的包装盒上，成为一种流动广告，扩大影响面。

在各类超级商场里，孩子们总是缠着大人买那些包装讲究的食品。迪士尼敏锐地观察到了儿童们的心理，他们既想吃零食，又要满足视觉上的要求。如果把米老鼠当作广告标记印在这些食品盒上，就可以起到儿童广告的作用，让米老鼠从银幕上跑到儿童的手上。这是生意运作中的一大发现。迪士尼很快与一些食品制作企业达成了合作意向，选择儿童喜欢的点心盒，分别印上米老鼠的18个动作图案，既有广告连续性的作用，又有促销食品的作用，互为促进，使米老鼠的形象更加深入到儿童心中。

迪士尼以动物人格化"讨好"儿童的方法可谓是独辟蹊径。在西方世界追求暴力、色情影片的制作圈中，他创造的动物人格化的动画影片历时半个世纪而魅力不减，使人们不得不惊叹他独特的生意眼光。

当你销售受阻，无计可施时，别忘了，你手中还有一张王牌——孩子。

如何利用"面子"说出业绩

心理学研究表明：有的人好高骛远；有的人好胜心强；有的人优柔寡断；有的干脆利落……

利用人们的心理特点，有的放矢，是销售成功制胜的一大法宝。

有一种经济效应被称为"凡勃伦效应"。在凡勃伦效应中人们的消费目的，已不仅仅是为了获得直接的物质满足与享受了，更大程度上是为了获得一种社会心理上的满足，甚至以期获得更广泛的社会广告效应。这种"炫耀性消费"，或者说是"炫耀性投入"，似乎越来越受人们的欢迎了，无论是个人消费者还是单位消费者，无论是腰缠万贯还是收入平平的人，都喜欢乐滋滋地一头扎进去。

"凡勃伦效应"在经济学领域得到了广泛证实，应用在销售工作中我们也可以得到一些启示：人人都有虚荣心。

某保险销售员在和一位客户沟通。

销售员："您每月的收入与其花在其他方面还不如抽一部分来为自己买一份保险。"

客　户："是啊，我每月最大的支出就是衣服和化妆品，你看，这件刚买的上衣要8000多元……"

在一家首饰商店里，一位客户正在选戒指。

店　员："您看看这款，价格还是比较实惠的。"

客　户："哎哟，这哪行啊，我的项链两万多元呢，至少得和它相配才行吧……"

有的客户在与人交往时喜欢表现自己，突出自己，不喜欢听别人劝说，任性且嫉妒心较重。有很多时候销售员可以根据客户的表情和语言来判断出这类客户，他们在与销售员沟通时会着重显示他们的高贵，即便有时在吹牛。

有的客户好胜心很强。"激将"的效应可以通过触发其好胜心，促使其在犹豫不决时做出决断。

有一位小伙子看中了某商店耐克橱窗内一双新式运动鞋。他站在柜台前翻来覆去地看，问一些无关紧要的问题。很明显他是喜欢这双新式运动鞋，但又因它价格太贵犹豫不决。该商店的售货员看出他犹豫的心理，于是上前问道："如果这双鞋的价格不能令您满意的话，您是否愿意再看看别的？"

结果这位小伙子很坚定地买下了这双运动鞋。售货员的问话很简单，但深藏奥妙，激发了这个小伙子的好胜心，最终成功了。

上述激将成交法在日常生活中随处可见，自尊心人皆有之，利用客户的自尊、好胜心理敦促客户立即购买所销售的产品，这种方法只要运用得当，产生的效果是非常明显的。然而，激将成交法如果处理不当，则可能断送整个交易，甚至得罪客户，招致别人的不满与怨恨。尤其对于那些自尊心过强的群体。因此，还有另一种激将法可以采用，就是增加客户的优越感。

毕竟每个人都有或多或少的虚荣心，而满足客户虚荣心最直接的方法就是让他觉得购买了你的产品后自己很有面子。

广州曾发生过这样一件事。一对颇有名望的港商夫妇一同来到友谊商店选购首饰，他们对一枚9万元的翡翠戒指很感兴趣，但因价格昂贵而犹豫不决。这时在一旁察言观色的销售员走了过来，她向两位客人介绍说，东南亚某国总统夫人来店时也曾看过这枚戒指，而且非常喜欢，爱不释手，但由于价格太高没有买。经售货员当众一激，这对港商夫妇二话没说，当即掏钱买下了这枚翡翠戒指，因为他们要显示自己比总统夫人更有实力。

要知道，虽然生活中不缺乏功成名就的成功人士，但是并不是每一个人都能功成名就，也并不是每一个功成名就的人都能使自己的优越感得到充分满足。在现实中，大部分人都过着平凡的日子，每个人在日常生活中都要承受来自许多方面的压力，其结果是我们往往处处受限。正是因为人们普遍是这种状态，所以绝大多数的人都想尝试一下优越于别人的滋味，也因此喜欢那些能满足自己优越感的人。对于销售员来说，客户的优越感一旦被满足，初次见面的警戒心就会自然消失，彼此的心理距离就会无形地拉近了，双方的交往就能向前迈进一大步。

但是需要注意的是，巧妙的阿谀奉承虽然能够满足一些人的优越感，但是拙劣的奉承往往会激怒客户。因此，奉承一定要选择较好的时机和恰当的对象。一般来说，让人产生优越感最有效的方法是对他感到骄傲的事情加以恭维，而且恭维的话最好不要太多了，说得过多会很容易使客户产生厌倦，认为这个销售员不够可靠。

制造一种旺销的景象

每一个人都懂得时间的重要性，运用这一点制造紧迫感是非常有效的。如果是销售房地产，你有必要这样对客户说："我相信你明白生意场上'时间就是一切'的含义。我觉得要是你今天放弃购买这套房屋的话，你会感到很后悔，每个人都能看见房价在飞涨。"

你可以随时从报纸及电视中看到那种限时报价的广告，商场和超市都在运用这种技巧出售所有商品，不管是弹簧床垫还是冰镇橙汁，无一例外。例如，一位零售商会说某某报价在某段规定时间内有效，客户要是错过的话，就会失去获得好交易的机会。限时报价如此有成效，这就不难理解为什么美国公众常常被铺天盖地的鼓动性广告所包围。

几年前，汽车公司的董事会主席韦德·汤普森和总裁莱里·哈托共同做了一个电视广告，表示他们将为那些购买了该公司最新款汽车的客户提供 1.5 万美元的储蓄公债，而这笔公债只能在规定时间内领取。这个广告尤其吸引了那些常为买了豪华车回家而感到不安的老年夫妇，当他们了解到公债可以最终转让给他们的子孙时，他们的内疚感减轻了许多。

虽然 1.5 万美元的市政公债要在 10 年到期后才能兑付，但是在客户群中却产生了轰动效应，很多人都赶在报价到期之前急着购买该公司的汽车。

任何人买东西都有一个理由。为了销售成功，你必须向你的客户提供他为什么应当买你的产品的具体理由。如果你的言语中体现不出这一重点，客户就无法产生立刻购买的动因。你可以说你的产品存货不多，客户若不尽快买的话，很可能遭遇可怕的后果，这样的说法往往能创造出客户购买的必要性。

当你销售汽车时，你会有一种感觉，那就是客户本来急于拥有一辆新车，但不知为什么又犹豫不决。这时你可以说："我们的车库里只剩下一辆这种颜色和款式的车了，要是您想要的话，我可以替您准备好，今天下午就可以取货。但是，如果您选择等一等的话，我担心这辆车会很快被别人买走，我们今天上午就已经卖出了两辆这样的车。当然，我们还有另外一个办法，那就是我给别的销售员打电话，让他们替你选一辆，但那样可能需要等上一个星期，而且，我也不敢保证您就能得到您真正喜欢的车。"

垄断性产品或别人不易得到的东西更容易制造出紧迫感，因为它是独一无二的，如果你告诉他："如此不易获得的珍品，你一旦与它失之交臂，下一秒它将有可能出现在你隔壁邻居家的客厅里，成为他炫耀的资本，你会后悔莫及。"一般对方都会心动，并行动起来。

第四章

灵活提问，凭技巧问出客户需求

用问题来控制谈判节奏

林　强："早上好，王总，很高兴见到您。"

王　总："你好，有什么事吗？"

林　强："王总，我是华夏公司的林强，我今天特意来拜访您，是因为我看到了《机械工业》杂志上有一篇关于您公司所在行业的报道。"

王　总："是吗？都说了些什么呀？"

林　强："这篇文章谈到您所在的挖掘机行业将会有巨大的市场增长，预计全年增长幅度为30%，市场总规模将达到50亿，这对您这样的领头羊企业应是一个好消息吧？"

王　总："是啊，前几年市场一直不太好，这两年由于西部大开发，国家加强基础设施建设，加大固定资产投资，所以情况还不错。"

林　强："王总，在这样市场需求增长的情况下，公司内部研发生产的压力应该不小吧？"

王　总："可不是，我们研发部、生产部都快忙死了。"

林　强："是吗？那真是不容易啊。王总，我注意到贵公司打出了招聘生产人员的广告，是不是就是为了解决生产紧张的问题呢？"

王　总："不招人忙不过来啊。"

林　强："确实是这样。那王总，相对于行业平均水平的制造效率——每人5台而言，您公司目前的人均制造效率是高一些还是低一些？"

王　总："差不多，大概也就人均5～6台。"

林　强："那目前使用的制造设备的生产潜力有没有提升的空间呢？"

王　总："比较难。而且耗油率还很高呢。"

林　强："那您使用的是什么品牌的设备呢？国产的还是进口的啊？"

王　总："……"

谈话一直继续，客户对销售员即将推出的产品充满了期待。

任何一个销售员在与客户面谈之前都应该做好充分的准备工作，精心设计向客户提出的问题是其中最重要的一环。尤其是在首次拜访时，为了使交易继续下去，销售员应仔细考虑一系列周密计划，通过问题来控制会谈的节奏，促进对话的顺畅进行。

在这个案例中，销售员不是使用常见的"说"来进行会谈，而是成功地使用了一系列具有逻辑性的问题引导了客户的思路，使客户主动而且愉快地参与到会谈中。

我们可以看到，他一开始并未介绍自己的产品，而是说："我今天特意来拜访您，是因为我看到了《机械工业》杂志上有一篇关于您公司所在行业的报道"，这句话显然是销售员事先精心设计好的，目的在于化解客户对销售员的警惕心理，引起客户的好奇心。果然，正如销售员所料，谈话顺着他设计的思路进行下去，从行业的发展谈到客户的目标、目前的问题等，随着话题的逐步打开，使客户对销售员的防范逐步放松了，转而进行深入的理性思考。

当然，提问不是万能的，尽管提问在销售过程中尤其是在大生意的销售过程中起着越来越重要的作用，但只有经过精心设计的正确的提问才能实现销售的成功。因此，销售员在设计问题时要注意：

第一，提出的问题要能引起对方的注意，并能引导对方的思考方向。

第二，提出的问题要能获得自己所需要的信息反馈。

第三，提问要以客户为中心，这样才容易受客户欢迎，赢得客户的信赖。

恰到好处地去发问

我们在进行销售的过程中，与客户交流时所要获取的首要信息就是客户的需求，进而迅速揣测与该客户达成交易的可能性。在面对这一问题时，不少销售员常常习惯于凭借自己的经验主观判断我们所面对的客户，最终却可能因错误地判断客户的需求与偏好而丧失交易机会。

有销售大师总结，要想获得客户需求信息最好的方式就是提问。提问是发现需求的好方法，销售员要想评估新客户是否存在销售成交的机会，以及他们的购买动机是什么等，都需要通过恰当的提问来完成。

但并不是所有的提问都会得到你预期的回答。要想得到你需要的答案，还需要提升你提问的技巧。得当的提问可以帮助你处理好与客户的交易，推动销售的进程，但是如果运用得不好，也可能破坏会谈。太多的问题容易让客户感到被信息塞满了头脑，过于咄咄逼人的问题也会让客户感到像在受审。

因此，要成为成功的销售员，必须学会如何设计你的提问，让巧妙的提问有效地帮助你洞察消费者的需求，获得对你有利的信息。同时，我们也应当注意避免不当的提问给销售带来不必要的麻烦。以下这则真实案例或许能帮助我们理解适当提问的意义。

客　户：你们还有同类产品吗？

销售员：当然有！您想要多少？（兴奋不已，心想成交了。）

客　户：有多少？

　　销售员：多得很，因为大家都喜欢买这种机型。

　　客　户：太可惜了，我喜欢独一无二的产品。

　　这就是不合适的提问带来的负面效果。

　　那么，我们若是在实际销售中遇到这一情况，应当如何进行适当的提问呢？

　　客　户：你们还有同类产品吗？

　　销售员：您为什么会问这个问题呢？

　　客　户：我想知道你们到底有多少同类产品。

　　销售员：这样啊，您为什么会关心这个问题呢？

　　客　户：我喜欢独一无二的产品。

　　在合适的提问下，销售员获得了关于客户需求的准确信息，这样就能够灵活地处理问题，采取相应办法回应了。

　　再比如，当客户提出"价格太高"时，销售员常见的反应往往是"价格是高了点，不过当你考虑其他优点时，真的会发现价格其实很合理"。但如果试着用恰当的提问来代替，你或许会收到不一样的效果：

　　客　户：价格太高了。

　　销售员：所以呢？

　　客　户：所以我们得说服公司，要先得到某些人的支持……

　　很多你觉得难以回答的问题，可以试着反过来问问客户，解决这个问题最好的处理方式是什么。让客户自己解决自己提出的问题，这会比你通过揣测其心思而做出的解答效果更好。

你是否已经恍然大悟，原来在与客户的交流中，提问是如此高明的一计。但要设计出成功的提问，还有几个方面必须注意：

1. 记住用提问为自己争取控制权

只要不犯错误，提问会使你处于强势，建立你在销售说服中的主动权与控制权。想要让销售顺利推进，就要想尽办法让"提问"来帮忙。

2. 通过提问来回答问题

客户常常会提出一些难以回答的问题，通过反问我们常常可以巧妙地化险为夷，把问题还给客户，同时获取更多的有利信息。例如，客户问："你的产品有什么其他产品不具备的优势吗？"你不用直接解释产品的特征和长处，而可以问他："你对我们的产品很熟悉吗？"通过这个问题，你能了解他仅仅是想了解更多信息，还是在挑战你的方案，这将指引你做出相应的回答。

3. 提问后适当保持沉默

如果你希望对方很快地回答问题，在你主动提问后，最好立刻住口。有心理专家分析，交谈中的短暂沉默会创造一种自然真空，这种真空会自动把责任放在回答问题的人身上。或许大多数的销售员对于交谈中的沉默觉得非常不舒服，而习惯于主动打破沉默。但你必须要克制这种情绪，记住如果你不打破沉默的话，你的客户将提供给你有价值的信息。

善于提出问题，从而找到答案

在销售前了解客户的需求非常重要。只有了解了客户的需求，销售员才能根据需求的类别和大小判定眼前的客户是不是潜在客户，值不值得销售。如果不是自己的潜在客户，就应该考虑是否还有必要再谈下去。不了解客户的需求，好比在黑暗中走路，既白费力气又看不到结果。

比如想要弄清楚客户想选购什么电器，销售员可以通过向客户直接提问或者用"二选一"法进行提问，循序渐进地逐步引导客户说出想要选购什么类型的电器。

潜能大师安东尼·罗宾说过："对成功者与不成功者最主要的判断依据是什么呢？一言以蔽之，那就是成功者善于提出好的问题，从而得到好的答案。"销售员可以通过提问获得一些信息，包括客户是否了解你的谈话内容，客户对你的公司和你销售的产品有什么意见和要求以及客户是否有购买的欲望。

满足客户的需求就是满足自己的需求。了解客户的需求是关系到交易是否能成功的首要工作。销售员要成功，要获得更多的签单，就必须善于巧妙地提问。

要想做到有效提问，需要注意以下几点。

（1）先了解客户的需求层次，然后询问具体要求。了解客户的需求层次以后，就可以把提出的问题缩小到某个范围之内，从而易于了解客户的具体需求。如客户的需求层次仅处于低级阶段，即生理需要阶段，那么他对产品的关心多集中于经济耐用上。

（2）提问应表述明确。避免使用含糊不清或模棱两可的问句，以免让客户误解。

（3）提出的问题应尽量具体。做到有的放矢，切不可漫无边际、泛泛而谈。针对不同的客户提出不同的问题。

（4）提出的问题应突出重点。必须设计适当的问题，诱使客户谈论既定的话题，从中获取有价值的信息，把客户的注意力集中于他所希望解决的问题上，缩短成交距离。

（5）提出问题应全面考虑。迂回出击，切不可直言不讳，避免出语伤人。

（6）洽谈时用肯定句提问。在开始洽谈时用肯定的语气提出一个令客户感到惊讶的问题，是引起客户注意和兴趣的可靠办法。

（7）询问客户时要从一般性的事情开始，然后慢慢深入下去。

例如，一名专业的电脑销售员通常会提以下几个问题：

"可以请教您几个问题吗？"

"您是从事哪方面工作的？"

"您主要用于哪些方面呢？"

"哦，如果用于商标设计，那么对电脑配置这一块要求就相对高一些，是吗？"

"请问您在出差时经常使用电脑吗？"

"如果经常出差，那就希望随身携带的电脑能够轻一点儿，是吗？"

"您喜欢什么样的颜色呢？"

"我们新推出了好几种款式，不知您对电脑款式方面有哪些特别的要求？"

"您的预算是多少呢？"

从以上的系列提问可以看出，这位电脑销售员通过提问，在收集了很多重要信息的同时，也展示了自己的专业知识，客户自然就会信赖他了。

在提问方式上，我们可以把它分为封闭式提问与开放式提问。

有些时候，客户往往是一个非常健谈的人，比如你问："你今天过得怎么样？"客户可能会从早餐开始一直谈到今天的天气、交通状况等，漫无边际。事实上，我们没有必要了解许多对我们根本没有用的信息，因此，这时候我们就需要把问题转移到你的目的上来。这种方式我们称之为"封闭式"问题，就是让客户用比较确定的语言来回答的问题。"开放式"的提问方式，也就是和客户拉近距离、套近乎的提问方式，但是需要有一定的节制，否则可能销售员和客户谈得很投机，却始终不能了解到任何有价值的信息，白白浪费了很多时间和精力。对此，"封闭式"的提问方式，是很好的补充。

"封闭式"的提问方式，最大的好处就在于能够确认客户对某一事件的态度和看法，从而帮助销售员真正了解到客户的想法。比如"你确定要购买这种型号的电脑，是吗？"明确的提问，客户必然需要明确的回答。

开放式提问与封闭式提问的区别在于客户回答的范围大小。采用开放式提问，客户回答的范围较宽，一般是请客户谈想法、提建议、找问题等，目的是展开话题。这种问题常用的词汇是"什么""哪里""告诉""怎样""为什么""谈谈"等，如：

"您能谈谈参加这次培训的感受吗？"

"对于公司的现状您觉得哪些方面需要改进呢？"

"您采取哪些计划来改进现有技术？"

"您能告诉我您最真实的想法吗？"

"您为什么会有这种想法呢？"

"您觉得怎样做才是最好的？"

开放式的提问方式是需要节制的，并非越开放越好，否则客户将不知从何说起。所以销售员就要找到基本的出发点，不能漫无目的地乱问一气。

"开放式"的提问方式与"封闭式"的方式相结合才能在与客户的交谈中，使自己保持在主动地位，主动地引导用户按照自己的设想和思路逐步展开他的想法，经验丰富的销售员往往是运用这两种方法相得益彰的人。

不要问你不知道答案的问题

　　销售员："莱迪先生，这个电话是您太太告诉我的。听她说，你们近来有买一辆中档车的打算，但最后的决定权在您手上。"

　　莱　迪："是的，有这个想法，只不过还没确定买什么样的车。"

　　销售员："听您太太说，你们有六个孩子，而且年龄都不大。"

　　莱　迪："是的。"

　　销售员："那么遥控锁是不是最适合你家？"

　　莱　迪："是的。"

　　销售员："我打赌你也喜欢四门车。"

　　莱　迪："是的。"

　　销售员："难道你不同意带遥控锁的四门车是你们最佳的选择？"

　　莱　迪："哦，是的，我们只会买带遥控锁的四门车。"

　　销售员："太好了，我们有几款这样的车可供您选择。您看什么时间看样车方便？"

　　莱　迪："这周末吧。"

　　销售员："好的，到时我会给您打电话，再见，莱迪先生。"

　　在法律系学生的课程中，教授会告诉他们："当你盘问证人席的嫌犯时，不问事先不知道答案的问题。"

　　辩护律师如果不事先知道答案就盘问证人，会为他自己惹来很多麻烦，同样的情形也会发生在销售员身上。

绝对不要问只有"是"与"否"两个答案的问题，除非你十分肯定答案是"是"。

例如，不要问客户："你想买双门轿车吗？"而要说："你想要双门还是四门轿车？"

如果你用后面这种二选一的问题，你的客户就无法拒绝你。相反的，如果你用前面的问法，客户很可能会对你说："不。"下面几个例子就是二选一的问题：

"你比较喜欢三月一号还是三月八号交货？"

"发票要寄给你还是你的秘书？"

"你要用信用卡还是现金付账？"

"你要红色还是蓝色的汽车？"

"你要用货运还是空运的？"

可以看出，在上述问题中，无论客户选择哪个答案，业务员都可以顺利做成一笔生意。

要养成经常这样说话的习惯："难道你不同意……"例如："难道你不同意这是一部漂亮的车子，客户先生？""难道你不同意这块地可以看到壮观的海景，客户先生？""难道你不同意你试穿的这件貂皮大衣非常暖和，客户女士？""难道你不同意这价钱表示它有特优的价值，先生？"这些问题对你来说已很有把握，客户会做出肯定的回答，当客户赞同你的意见时，也会衍生出肯定的回应。

在说服客户的过程中，尽可能用二选一的问题让客户做出选择。

技巧提问胜于一味讲述

在销售过程中，大多数销售员总是喜欢自己说个不停，希望自己主导谈话，而且还希望客户能够舒舒服服地坐在那里，被动地聆听，以了解自己的观点。但问题是，客户心里往往很排斥这种说教式的叙述，更不用说对销售员及产品产生好感了。

我们来看一下这位家具销售员与客户琳达之间的对话，你可以从中得到启发。

销售员："我们先谈谈你的生意，好吗？你那天在电话里跟我说，你想买坚固且价钱合理的家具。不过，我不清楚你想要的是哪些款式，你的销售对象是哪些人？能否多谈谈你的构想？"

琳　　达："你大概知道，这附近的年轻人不少，他们喜欢往组合式家具连锁店跑。不过，在111号公路附近也住了许多退休老人，我妈妈就住在那里。一年前她想买家具，可是组合式家具对她而言太花哨了，她虽有固定的收入，但也买不起那种高级家具；以她的预算想买款式好的家具，还真是困难！她告诉我，许多朋友都有同样的困扰，这其实一点也不奇怪。我做了一些调查，发现妈妈的话很对，所以我决心开店，客户就锁定这群人。"

销售员："我明白了，你认为家具结实，是高龄客户最重要的考虑因素，是吧？"

琳　　达：对，你我也许会买一张300元的沙发，一两年之后再换新款式。但我的客户生长的年代与我们有别，他们希望用品常保如新。像我的祖母吧，她把家具盖上塑胶布，一用就 30 年。我明白这种价廉物美的需求有点强人所难，但是我想，一定有厂商生产这类的家具。"

销售员："那当然。我想再问你一个问题，你所谓的价钱不高是多少？你认为主顾愿意花多少钱买一张沙发？"

琳　达："我可能没把话说清楚。我不打算进便宜货，不过我也不会采购一堆路易十四世的鸳鸯椅。我认为客户只要确定东西能够长期使用，他们能接受的价位应该在 450 ～ 600 元左右。"

销售员："太好了，琳达，我们一定帮得上忙，我花几分钟跟你谈两件事。第一，我们的家具有高雅系列，不论外型与品质，一定能符合你客户的需要，至于你提到的价钱，也绝对没问题；第二，我倒想多谈谈我们的永久防污处理，此方法能让沙发不沾尘垢，你看如何？"

琳　达："没问题。"

这位销售员与客户琳达交谈的过程中，通过针对性的提问了解到客户的需求，并清楚、准确地向客户介绍了自己的产品，让客户确切地了解自己销售的产品如何满足他们的各种需要。因此，销售员向客户进行针对性的提问，能够获得客户的各种信息，这是促进销售成功的重要手段。

与客户洽谈的过程中，通过恰到好处的提问与答话，有利于推动洽谈的进展，促使销售成功。那么，在销售实践中都有哪些提问技巧呢？

1. 单刀直入法提问

这种方法要求销售员直接针对客户的主要购买动机，开门见山地向其销售，请看下面的场面。

门铃响了，当主人把门打开时，一个穿着体面的人站在门口问道："家里有高级的食品搅拌器吗？"男人怔住了，转过脸来看他的夫人，夫人有点窘迫但又好奇地答道："我们家有一个食品搅拌器，不过不是特别高级的。"

销售员回答说："我这里有一个高级的。"说着，他从提包里掏出一个高级食品搅拌器。接着，不言而喻，这对夫妇接受了他的销售。

假如这个销售员改一下说话方式，一开口就说："我是×公司销售员，我来是想问一下你们是否愿意购买一个新型食品搅拌器。"这种说话的效果一定不如前面那种好。

2. 诱发好奇心法提问

诱发好奇心的方法是在见面之初直接向潜在的买主说明情况或提出问题，故意讲一些能够激发他们好奇心的话，将他们的思想引到你可能为他提供的好处上。

一个销售员对一个多次拒绝见他的客户递上一张纸条，上面写道："请您给我十分钟好吗？我想为一个生意上的问题征求您的意见。"纸条诱发了采购经理的好奇心——他要向我请教什么问题呢？同时也满足了他的虚荣心——他向我请教！这样，结果很明显，销售员应邀进入办公室。

3. 刺猬反应提问

在各种促进买卖成交的提问中，"刺猬"反应技巧是很有效的。所谓"刺猬"反应，其特点就是你用一个问题来回答客户提出的问题，用自己的问题来控制你和客户的洽谈，把谈话引向销售程序的下一步。让我们看一看"刺猬"反应式的提问法。

客　　户："这项保险有没有现金价值？"

销售员："您很看重保险单是否具有现金价值的问题吗？"

客　　户："绝对不是。我只是不想为现金价值支付任何额外的金额。"

　　对于这个客户，你若一味地向他销售现金价值，你就会把自己推到河里去，一沉到底。这时，你应该向他解释现金价值这个名词的含义，提高他在这方面的认识。

　　无论哪种形式的销售，为了实现其最终目标，在销售伊始，销售员都需要进行试探性的提问与仔细聆听，以便客户有积极参与销售或购买过程的机会。当然最重要的还是，要尽可能地有针对性地提问，以便让自己更多更好地了解客户的观点或者想法，而非一味地表达自己的观点。

第五章

妙语如珠，正确的表达方式更有说服力

控制现场，气氛影响成交

营销高手玛丽·柯蒂奇是美国米尔房产公司的经纪人，她曾在半小时之内卖出了一套价值 50 多万美元的房子。米尔房产公司设在佛罗里达州海滨，这里位于美国的最南部，每年冬季都有许多北方人到此度假。

一天，玛丽正在一处新转到她名下的大房子里参观。当时，与玛丽在一起的，还有公司的另外几个经纪人。他们一行打算在参观完这间房屋之后，再去看看别的房子。

就在玛丽一行这看看那看看的时候，有一对夫妇也在看房子。房主见状，马上对玛丽说："嗨，玛丽！快去和他们聊聊，也许会有收获呢！"

"知道他们是谁吗？"玛丽问。

"不知道。原先我还以为他们是你们公司的人呢，因为你们几乎是同时进来的。后来我才发现我错了，他们是自己过来的。"房主说。

玛丽听后，就快步走到那对夫妇面前，面带微笑地伸出手说："嗨，你们好，我是玛丽·柯蒂奇。"

"您好。我是邓恩，这是我太太丽莎。"那名男子说，"我们在海边散步，见这儿有房子参观，就过来看看。我们不知道……"

"欢迎欢迎！"玛丽说，"我是这房子的经纪人。"

"我们是顺道来的，车子就放在门口。我们从弗吉尼亚来这里度假，过一会儿就打算回去。"

"哦，是这样啊！没关系的，你们可以随时来参观房子。"玛丽边说边把一份资料递给邓恩。

丽莎临窗看海，顿感心旷神怡，她自言自语地说："这儿真美！简直美极了！"

"但是亲爱的，我们必须回去了，要回到冰天雪地里去。"邓恩无奈地说，"这真是一件令人不开心的事情！"

玛丽又热情地和他们交谈了几分钟，邓恩掏出名片递给玛丽，说："认识你很高兴，这是我的名片，希望以后常联系。"

玛丽刚想掏名片给邓恩夫妇，但猛地停住了，她出人意料地对他们说："我有个好主意，既然我们谈得如此投机，为何不到我的办公室好好聊聊呢？我的办公室很近，只几分钟的车程而已。你们出门后向右拐，过第一个红绿灯后左转。"

玛丽对自己的建议很自信，她不等他们同意，就率先走了，边走边对那一对夫妇喊："我们待会儿办公室见！"

玛丽的两个同事早已坐在车上等着她，玛丽就给他们讲了刚才的事情。他们都不相信能在办公室看见那对夫妇。

还没等玛丽的车子停稳，他们就发现停车场上有一辆凯迪拉克轿车，车上装满了行李，从车牌标识可以清清楚楚地看出这辆车来自弗吉尼亚！

经过短暂的寒暄，邓恩问道："这套房子上市有多长时间了？"

"老实说，这套房子在别的经纪人名下有半年了，今天才刚刚转到我的名下。房主急等用钱，现在降价出售，我想应该很快就会成交。"玛丽回答。她看了看丽莎，然后盯着邓恩说："很快就会成交，我对这个很自信。"

丽莎对邓恩说："要是我们能有一套海边的房子就好了，因为我非常喜欢大海。如果那样的话，我们以后就可以常常去海边散散步。"

玛丽就问丽莎："您先生是做什么的？他的工作一定很辛苦吧？"

"邓恩在股票公司做事，他的工作非常辛苦。我希望他能够好好休息、多多放松，这也是我们每年都到佛罗里达旅游的原因。"丽莎说。

"每年都来？"玛丽问。

"是的，每年都来。"丽莎回答。

"我想，如果你们每年都来这里的话，就应该在这里有一套属于自己的大房子。你想想，每次来到这里，就好像回到了自己的家一样，那是多么舒服啊。更重要的是，这样不仅可以大大提高你们的生活质量，也将大大延长你们的寿命。"玛丽说。

"我也是这样想的。"丽莎和邓恩几乎同时说出了这句话。

接着，他们就陷入了沉默。玛丽知道他们在思考，所以也不说话，等着邓恩开口。过了片刻，邓恩开口说："我还是感觉房子的价格有点高。"

"房价其实很合理，我想很快就会卖掉的，我以我的经验保证。"

"为什么如此肯定？"

"能够眺望海景的房子并不多，不是吗？而且，房子刚刚降价。"

"但我发现这里的房子很多。"

"我承认，这里的房子是很多。我相信你也看了不少。我想你不会没有发现，这套房子是为数不多的拥有独立车库的房子之一。你只要把车开进车库，就等于是回到了家。你只要上楼梯，就可以喝上热腾腾的咖啡。并且，这套房子附近有这里最好的娱乐场所和大小餐馆，别的房子就没这么多的方便了。"

邓恩想了想，向玛丽报了一个价，然后很果断地说："这是我愿意购买的价格，再多一分钱我都不想要了。不用担心贷款的问题，我可以付现金。如果房主同意，我将感到很高兴。"

玛丽一听邓恩的报价只比房主的要价少一万美元，就说："你的条件我想应该没问题，但我需要你的一万美元作为定金。"

"这个没问题，我现在就可以给你写一张支票。"邓恩说。

"请在这里签名。"玛丽把合同递给邓恩。

至此，整个交易宣告完成。玛丽从见到这对夫妇，直至交易成功，用了还不到半小时的时间！

压力销售是指销售员使用强有力的语言给客户造成购买是唯一出路的感觉，促使客户做出购买决策的一种销售方法。这种方法对那些已对产品动心的客户，或者那些准备买但又有点犹豫的客户最管用。而使用这种强有力的语言的能力是销售员情商水平的一种体现。

在这个案例中玛丽就使用了压力销售法成功拿下了这个大客户。邓恩夫妇虽然很满意这套临海的房子，但他们当时并没有购买的意思。假如玛丽只是将自己的名片交给他们，事情多半会泡汤。在这种情况下，玛丽采取的方法很简单，即制造紧张气氛，给对方传递一个信息：想买的话就赶快，否则就没了。此招果然见效，在短短的半小时之内，玛丽就完成了其他经纪人半年都没有完成的任务。

可见，给客户加压是一种比较有效的心理战术，它会使客户在无形中感到一种压力，但他们感觉不出这压力是销售员施加的，而以为是他们自己造成的。因此，使用这种销售技巧，就需要销售员具备很高的情商，说话具有感染力，对环境有极强的控制能力，并且能够灵活地变通。

优秀的销售员还要能控制现场，时刻调整与客户之间的气氛使之达融洽，进而达到与客户心意相通，才可以在和谐的洽谈气氛中成交。

制造悬念，吊一吊买家的胃口

被称为"销售之神"的日本人原一平大家都不陌生。他成功的经历数不胜数，我们来看他是如何"成功地激起客户的好奇心"而达成一笔保险的。

有一次原一平拜访了一位完全有能力投保的客户，那位客户虽然表明自己很关心家人的幸福，但当原一平劝说他投保时，他却提出不少异议，并进行了一些琐碎且毫无意义的反驳。

原一平凝视着那位客户说："先生，您已经对我说了您的要求，而且您也有足够的力量支付有关的保险费，您也爱您的家人。不过，我好像是对您提出了一个不合适的保险方式。也许'29天保险合同'更适合您。"

原一平稍作停顿，又说道："关于'29天保险合同'问题，有几点需要说明一下。第一，这个合同的金额和您所提出的金额是相同的；第二，满期返还金也是完全同额的；第三，'29天保险'兼备两个特约条件，那就是设想您万一失去支付能力而无力交纳保险费，或者因为事故而造成死亡时，则约定'免交保险费'和'发生灾害时增额保障'的条件。这种'29天保险'的保险费，只不过是正常规模保险合同保险费的50%。单从这方面来说，它似乎更符合您的要求。"

那位客户吃惊地瞪大了眼睛，脸上放出异彩："那么，如果根据我的钱包来考虑，比以前所说的就更合适了。可是，所谓'29天保险'到底是什么意思呢？"

"先生，'29天保险'就是您每月受保险的日子是29天。比如这个月是4月份，有30天，你可以得到29天的保险，只有一天除外。这一天可以任由您选择，您大概会选星期六或星期天吧？”

原一平停了片刻，然后再接着往下说：“这可不太好，恐怕您这两天要待在家里，按统计来说，家庭这个地方是最容易发生危险的地方。”

原一平看着那位客户，过了一会儿，他又开口了：“我在说明这种‘29天保险’时说，您每月有1天或2天没有保险，我担心您会想‘如果我死去或被人杀害时将会怎么办？’

“先生，请您放心。保险行业虽然有各种各样的保险方式，但目前我们公司并未认可这种‘29天保险’。我只不过冒昧地说说而已。如果是您的话，也一定会想，无论如何也不能让您的家庭处于无依无靠的不安状态。

“我确信，像您这样的人从一开始就知道有一种保险方式，它规定，客户在1周7天内1天不缺，在1天24小时内1小时也不落下，不管在什么地方，也不管您在干什么，都能对您进行保障。您的家人受到这样的保障，难道不正是您所希望的吗？”

这位客户完完全全地被说服了，心服口服地投了费用最高的那种保险。

悬念即好奇心，它是人类一种非常普遍的心理，如果你能够准确地把握并利用这一心理，就能够轻而易举地征服客户并留住客户。魔术表演就是利用人们的好奇心，引人入胜，精彩夺目。销售员如果能够巧妙地利用客户的好奇心去销售，将会大大提高销售的成功率。以上两个案例的成功之处究其原因都是因为商家故意设置“悬念”，吊起了买家的胃口。

原一平先是使用开门见山、直奔主题的销售方法，当客户不接受时，就用“29天保险合同”这个说法激起客户的好奇心，再根据客户的需求进行分析，让客户认可“29天保险”，随后就巧妙地对此进行解释，并把它与自己最初销售的险种做一比较。结果客户权衡利弊得失后，还是选择了最初销售的那种费用最高的险种。出其不意、欲擒故纵也是一种销售方法，往往比开门见山更能促成交易。

当开门见由、直奔主题的方式遇到障碍时，不妨故意卖个关子，留下点悬念给客户，引发对方的好奇心，最后主动询问，化被动拒绝为主动接受。在揭示悬念的同时，交易也自然会完成。

取悦客户，换得客户的好感

若想取悦客户，就要对客户说好听的话。"好听话"是拉近关系的催化剂。尽管我们与客户是初次见面，赞美客户几句，对方的抵触心理就会减轻许多。如果我们对客户说："您今天看起来真精神！都可以当我们产品的代言人了！"对方心里一定会美滋滋的，愿意听我们说下去。

一个销售员口才如何，就在于他说出的话能否让客户愉悦。性情再生冷的客户，听到我们的赞美，心也会软的。每个人都有很强的自尊心，当我们以一个陌生人的角色出现在客户面前时，赞美客户即是维护了客户的自尊心，给予了客户受重视的感觉，这样客户也会愿意与我们进一步地交流。

在电脑销售柜台，一位客户盯着一台笔记本看了好久。

销售员："先生，您的眼光真好，这款笔记本是我们公司刚刚上市的机型，上个月还荣获了销售冠军。"

客　户："多少钱？"

销售员："现在因为搞活动，这款机子只需 5800 元"。

客　户："有点贵，你还能便宜一些吗？"

销售员："请问您是做什么工作的？"

客　户："我是做广告的。"

销售员："我看您应该是广告公司里的重要人物吧，这款机子非常适合您，是比较专业的商务型机，不但功能强大，更符合您的气质。"

客户听了销售员的话很是高兴，自尊心得到了极大的满足，考虑片刻后买下了那台笔记本电脑。

人人都有虚荣心，客户明明知道这些赞美之语都是言不由衷的话，但仍喜欢听。案例中的销售员正是抓住了客户的这一虚荣心理，先恭维客户是公司的重要人物，随后夸赞产品符合客户的气质，让客户感觉到这款机子能代表他的档次，便很愉快地就成交了。

在与客户交流时，有分寸、有技巧、有水准地赞美客户几句，适当地给客户戴顶高帽子，不仅会使谈话气氛变得愉快很多，而且还会拉近我们与客户的心理距离。一旦客户陶醉在我们的溢美之词中，就会高兴地与我们交谈，我们就抓住了与客户成交的机会。

佳美公司的销售新手杨路与一家帐篷制造厂的王总谈生意。谈了许久后，眼看客户就要离开了，杨路仍然没办法说服对方。

这时，佳美公司的负责人林力走了进来，一看谈话即将结束，赶忙接手插话：“我在前两天的报纸上看到有很多年轻人喜欢野外活动，而且经常露宿荒野，用的就是贵厂生产的帐篷，不知道是不是真的？”

王总对林力的话表现出极大的兴趣，立刻转向他侃侃而谈：“没错，过去的两年里我们的产品非常走俏，而且都被年轻人用作野外游玩之用，因为我们的产品质量很好，结实耐用……”

当他的话暂告一个段落后，林力巧妙地将话题引入他们要销售的产品上。王总询问了一些细节上的问题后，愉快地在合约上签了字。

喜欢听赞赏的话是客户的天性。林力抓住了王总的这一心理特点，通过夸赞对方公司的产品，赢得了对方的信任，促成了成交。在和客户的谈话中，我们适当地赞美客户及产品，有助于在融洽的交谈中寻找到成交的机会。

我们对客户的赞美是一种不需要增加任何成本的销售方式。既然客户喜欢恭维，那我们就不要吝啬赞美之词。多一句赞美，客户就会多一份喜悦，我们也就多一份成交的可能。

我们赞美客户，其实就是在运用"情感营销"的策略，通过取悦客户，换得客户的好感。我们嘴甜一些，客户的心就甜一些，抓住了客户的心，就抓住了成交的关键。

利用"剧场效应"，掀起客户的情感波澜

某家公司经销一种新产品——适用于机器设备、建筑物清洗的洁神牌清洗剂。老板布置任务后，大家纷纷带着样品去拜访客户。

依照过去的经验，销售员向客户销售新产品时最大的障碍是：客户对新产品的性能、特色不了解，因而不会轻易相信销售员的解说。但销售员赵中却有自己的一套办法。

他前去拜访一家商务中心大楼的管理负责人，对那位负责人说："您是这座大楼的管理负责人，您一定会对既经济效果又好的清洗剂感兴趣吧。就贵单位而言，无论是从美观还是从卫生的角度来看，大楼的明亮整洁都是很重要的企业形象问题，您说对吧？"

那位负责人点了点头。赵中又微笑着说："洁神就是一种很好的清洗剂，可以迅速地清洗地面。"同时拿出样品，"您看，现在向地板上喷洒一点清洗剂，然后用拖把一拖，就干干净净了。"

他在地板上的污迹处喷洒了一点清洗剂。清洗剂渗透到污垢中，需要几分钟时间。为了不使客户觉得时间长，他继续介绍产品的性能以转移客户的注意力。"洁神清洗剂还可以清洗墙壁、办公桌椅、走廊等处的污迹。与同类产品相比，洁神清洗剂还可以根据污垢程度不同，适当地用水稀释，它既经济方便，又不腐蚀、破坏地板、门窗等。您看——"他伸出手指蘸了一点清洗剂，"连人的皮肤也不会伤害。"

说完，销售员指着刚才浸泡污渍的地方说："就这一会儿的工夫，您看效果，清洗剂浸透到地面上的坑洼中，使污物浮起，用湿布一擦，就干

净了。"随后他拿出一块布将地板擦干，"您看，多干净！"

接着，他又掏出白手绢再擦一下清洗干净的地方："看，白手绢一尘不染。"再用白手绢在未清洗的地方一擦，说："您看，多明显。"

赵中巧妙地把产品的优异性能展示给客户看，客户为产品优异的性能所打动，于是生意成交了。

心理学上有个概念叫"剧场效应"，人在剧场里看电影或看戏，感情与意识容易被带入剧情之中；另外，观众也互相感染，使彼此感情趋于相对一致。因而，一些成功的销售员把"剧场效应"运用到销售活动中，同样取得了较好的效果。

就像这个案例中的清洗剂销售员，面对客户对产品不熟悉的情况，没有单纯地采用"说"的销售方法，而是一边为客户演示产品一边解说，把产品的性能充分地展示给潜在客户，当客户的右脑感知到这确实是一种好产品时，生意就成交了。其实，销售员演示的过程完全出自于左脑的周密计划，它通过右脑的形式有步骤地建立起一种氛围，在一种虚化的感觉中，让客户采取决策步骤。

好的演示常常胜过言语。在销售过程中，如果能让客户亲自做示范，那你就不要动，让客户做，让他们置身于情景当中，这同样是非常有效果的办法。

出色的销售员能利用"剧场效应"当众进行产品演示，边演示边解说，渲染一种情景氛围，让那些本来有反对意见的人和拒绝该产品的人做出购买的决策。

令人无法抗拒的联想口令

一位房地产销售员带着一对夫妇去看房子，由于这个房子的状态不是特别好，销售员有些担心。但他们在房前停下来，那位女士的视线穿过房子，发现后院有一棵非常美丽的、正在开花的樱桃树。

她立即说："啊，哈里，看那棵美丽的开花的樱桃树！当我还是一个小女孩时，我家后院也有一棵开花的樱桃树。离开后我常常会回忆起那个童年的房子，我总想，如果我能够再次住到一个有开花的樱桃树的房子里，那该多好。"她丈夫点了一下头，握住她的手。

销售员已经敏锐地注意到这位女士的话了，并判断这对夫妇中，这位女士就是决策者。

丈夫哈里挑剔地看着房子。他提的第一个质疑是："看起来我们得把这个房子的地毯换一下"。销售员说："是的，不错。不过从这里，只需一眼，您就能穿过餐厅看到那棵漂亮的开花的樱桃树。"那位女士立刻从后窗看出去，看着那棵樱桃树，她微笑起来。

他们走进厨房，哈里又说道："厨房有点小，而且管子什么的有点旧。"销售员说："是的，不错。但当你做饭时，从这里的窗子望出去，就可以看到后院里那棵美丽的樱桃树。"

接着，他们走上楼看其余的房间。哈里说："墙纸也太老调了，房间都需要重新粉刷才行，此外，这些卧室太小了。"销售员说："是的，不过请注意，从主卧室那里，你们可以轻而易举地将那棵开花的樱桃树的美景尽收眼底。"

参观完房子，那位女士对樱桃树是如此钟情，以至于他们不再看任何别的房子。购买的决定就这样做出了。

心理学研究结果表明，人类的想象力远比意志力强上十倍。人之所以会联想及思考，是因为意识或潜意识受到刺激。这种刺激可以是很多种形式，比如视觉、听觉、触觉、味觉或嗅觉，甚至从餐厅里飘出来的香味，也可以唤起你对于童年美好的回忆。

在这个案例中，这个销售员敏锐地捕捉到有决策权的女主人对房子后院里那棵樱桃树的钟情。接下来，无论男主人怎么挑剔，销售员都能将话题引导到那棵开着美丽花朵的樱桃树上，从而就转移了女主人公对这些不足之处的注意力，由此联想自己美好的童年时代。与其说是樱桃树促成了交易，不如说是销售员成功地利用这棵樱桃树将女主人公催眠在那个美好的童年时光里了。

催眠有两种基本形态，那就是母式催眠与父式催眠。所谓母式催眠就是用温情去突破受术者的心理防线，也就是一种柔性攻势；父式催眠就是以命令式的口吻发布指示，让你感到不可抗拒，而不得不臣服。在催眠过程中，要常常根据不同的对象，或不同的时间、地点、条件选择使用不同的催眠方式。

由此可见，如果在沟通过程中善用联想指令，就能让对方发生反应，并且会让对方认为指令本就是他自己的想法。在销售中，销售员要善于观察把握客户内心深处真正想要的是什么。在你销售的每一件产品或服务中，都有一棵"开花的樱桃树"。也就是说，在你的产品或服务中有某一个东西或某一个点，一定是客户真心想拥有的，是客户潜意识中无法抗拒的。销售员要做的，就是利用联想指令，让客户不断确认自己心中所想，从而下定购买的决心。

销售并不仅仅是一个职业，还是一种能力，一种魅力。催眠式的销售是一个优秀的销售员必须掌握的销售技巧，而联想则是催眠销售中最重要的应用元素之一。如果你知道怎样才能有效地去利用刺激与联想的作用，使客户的潜意识受到强烈的震撼，你就能够把握客户的反应，进而提升你的销售效能。

联想是一切活动的起源。如果客户钟情于产品的功能，无论客户说什么，你只需利用"实用"把客户催眠在"实用"中，不可抗拒的联想指令会让客户变得主动。

在谈话中破解客户的真实需求

罗必德："卡特尔先生，依照您的意思来看，您最中意的是与您现在租住楼房相邻的那幢楼房？"

卡特尔："是的，那样的话，从办公室的窗户往外看，我仍能看见江中船来船往，码头上工人们繁忙工作的热闹景致。而且我的一些职员也向我推荐买那幢房子。"

罗必德："但我的意思是，您为什么不买下钢铁公司本来租着的这幢旧楼房呢。要知道相邻那幢房子中所能眺望的景色，不久便会被一所计划中的新建筑所遮蔽，而这幢旧房子还可以保证对江面景色的眺望。"

卡特尔："不行，我对这幢旧房子没有一点购买的意思。你看这房子的木料太过陈旧、建筑结构也不太合理，还有……"

罗必德静静地听着，慢慢发现卡特尔对那所楼房的批评以及他反对的理由，都是些琐碎的地方，显然可以看出，这并不是出于卡特尔本人的意见，而是出自那些主张买相邻那幢新房子的职员的意见。罗必德心里便明白了八九分，知道卡特尔说的并不是真心话，其实他心里真正想买的，是他嘴上竭力反对的那幢旧房子。这样罗必德心里便有了一定的胜算。当卡特尔说完楼房缺点后，罗必德在电话里沉默着，似乎在思考什么，过了一会儿才说话。

罗必德："先生，您初来纽约的时候，您的办公室在哪里？"

卡特尔（沉默了一会儿）："什么意思？就在这所房子里。"

罗必德（等了一会儿）："钢铁公司在哪里成立的？"

卡特尔（沉默了一会儿，并且说话的速度很慢）："也是这里，就在我们此刻所坐的办公室里诞生的。"

罗必德在电话中又开始沉默，两人都在沉默中。终于卡特尔开口了。

卡特尔（激动地）说："我的职员们差不多都主张搬出这幢房子，然而这是我们的发祥地啊。我们差不多可以说是在这里诞生、成长的，这里实在是我们应该永远长住下去的地方呀！你赶紧过来，咱们把具体事项办一下。"

销售员是人，客户也是人。与商店不同的是，销售员能走进客户的生活，而商店不能。在机械化的销售过程中，销售员往往看不到隐藏在客户内心深处的真实想法，只有深入思考、破解客户的深层心思才能把产品卖出去。在这个案例中，房地产经纪人罗必德就是因为破解了客户卡特尔的真实想法而成功签单的。

首先，当罗必德劝说卡特尔买下其正在租用的旧房子时，卡特尔提出了很多反对意见，而罗必德只是在耐心地倾听，这是销售员出色的沟通能力的体现。在倾听过程中，罗必德收集到了重要的信息：在卡特尔的心中，潜伏着一种他自己并不十分清晰的、尚未察觉的情绪，一种矛盾的心理，即卡特尔一方面受其职员的影响，想搬出这幢老房子；另一方面，他又非常依恋这幢房子，仍旧想在这里住下去。经过逻辑推理和分析判断，罗必德最后得出了结论：卡特尔真正想买的正是"他嘴上竭力反对的他们已经占据着的那幢旧房子"。

其次，掌握了客户的真实需求后，罗必德开始运用策略进行说服。"您初来纽约的时候，您的办公室在哪里？""钢铁公司在哪里成立的？"这些看似随意、感性的提问，其实都是罗必德精心设计的。正是这些问题，巧妙地击中了卡特尔的隐衷，使其将内心的真实想法完全表露出来。最终，罗必德成功了，卡特尔买下了这幢旧房子。

　　罗必德的成功，完全是因为他研究出了卡特尔的心思，并巧妙地使用了攻心法。可见，作为销售员，不能只是机械地向客户销售产品，还要懂得破解客户内心的真实需求，这样才能取得事半功倍的效果。

　　为客户指出他的需求时要注意语气委婉，不能过于直截了当，最好不要用诸如："我想，你一定需要……""买一件吧，不会有错的"或者"肯定能满足你的需要"这样的话会使对方感到你在强加于人，不免会引起逆反心理。

虚拟未来，让客户感知未来的情形

销售员："经过许多年的苦心研究，本公司终于生产了这批新产品。虽然它还称不上是一流的产品，只能说是二流的，但是，我仍然拜托汪老板，以一流产品的价格来向本公司购买。"

客　户："咦！陈经理，你该没有说错吧？谁愿意以一流产品的价格来买二流的产品呢？二流产品当然应该以二流产品的价格来交易才对啊！你怎么会说出这样的话呢？"

销售员："汪老板，您知道，目前灯泡制造行业中可以称得上第一流的，全国只有一家。因此，他们算是垄断了整个市场，即他们任意抬高价格，大家仍然要去购买，是不是？如果有同样优良的产品，但价格便宜一些的话，对您及其他代理商不是一种更好的选择吗？否则，你们仍然不得不按厂商开出的价格去购买。"

（停顿了一下）

"就拿拳击比赛来说吧！不可否认，拳王阿里的实力谁也不能忽视。但是，如果没有人和他对抗的话，这场拳击赛就没办法进行了。因此，必须要有个实力相当、身手不凡的对手来和阿里打擂台，这样的拳击才精彩，不是吗？现在，灯泡制造业中就好比只有阿里一个人，如果这个时候出现一位对手的话，就有了互相竞争的机会。换句话说，把优良的新产品以低廉的价格提供给各位，大家一定能得到更多的利润。"

客　户："陈经理，您说得不错，可是，目前并没有另外一个阿里呀！"

销售员："我想，另外一位阿里就由我们公司来充当好了。为什么目前本公司只能制造二流的灯泡呢？这是因为本公司资金不足，所以无法在技术上有所突破。如果汪老板你们这些代理商肯帮忙，以一流的产品价格来购买本公司二流的产品，我们就可以筹集到一笔资金，把这笔资金用于技术更新或改造。相信不久的将来，本公司一定可以制造出优良的产品。这样一来，灯泡制造业等于出现了两个阿里，在彼此的竞争之下，毫无疑问，产品质量必然会提高，价格也会降低。到了那个时候，本公司一定好好地谢谢各位。此刻，我只希望你们能够帮助本公司扮演'阿里的对手'这个角色。但愿你们能不断地支持、帮助本公司渡过难关。因此，我拜托各位能以一流产品的价格来购买本公司的二流产品。"

客　户："以前也有一些人来过这儿，不过从来没有人说过这些话。作为代理商，我们很了解你目前的处境，所以，我决定以一流产品的价格来买你们二流的产品，希望你能赶快成为另一个阿里。"

在这个案例中，我们可以看出，该销售经理就是通过虚拟了一个未来事件才取得销售胜利的。

在销售刚开始时，销售经理一句"拜托汪老板以一流产品的价格来向本公司购买"，这句话引起了客户的好奇心，这正是销售经理的目的所在。接下来，销售经理就充分发挥了自己理性和感性思维的优势，一步步推进自己的计划。

他先分析了灯泡制造业的现状，然后又把行业竞争比喻成拳击比赛，把一流的厂家比喻成拳王阿里，汪老板同意了销售经理的看法，并表示"目前并没有另外一个阿里"时，销售经理抓住了时机："另外一个阿里就由我来充当好了。"这时，汪老板的思维又从假设中回到了现实，这是真正销售高手的表现。

当销售经理有理有据地分析和设想了当灯泡市场上出现"两个阿里"而最终受益的将是各代理商后，彻底征服了汪老板，因此他得到了订单。

在这里，我们不得不佩服这位销售经理的智慧。其实，只要掌握了向客户卖"构想"的精髓，每个人都可以成为像这位销售经理一样的销售高手。

在销售那些短期内看不出优势的产品时，可以向客户卖自己的"构想"，通过对未来的描绘，让客户感知未来的情形，从而达到销售的目的。

第六章

营造氛围，让客户"心随你动"

什么都可以少，唯独幽默不能少

销售员："您好！我是罗森密斯保险公司的保险代理人埃罗汉斯特。"

客　户："哦——（慢条斯理）两三天前曾来过一个××保险公司的代理人，我没等他把话讲完，便把他赶走了。我是坚决不会投保的，所以无论你对我说什么都是没有用的，我看你还是去寻找别的客户吧，免得你在一个不可能投保的人身上浪费太多的时间。"（此人真会换位思考，还要替埃罗汉斯特着想，想让他节省时间。）

销售员："真是太感谢您的关心了。不过，假如您在听完我的介绍之后，还是不甚满意的话，我当场跳楼自尽。无论如何，我都请您为我抽出点时间！"

客　户："哈哈，你真的要跳楼自尽吗？"

销售员："不错，就像电影镜头中常见的那样毫不犹豫地跳下去。"

客　户："那好！我非要让你跳楼不可。"

销售员："啊哈！恐怕我要让你失望了，我非要用心介绍，直到你满意不可。"

（然后客户和销售员不由自主地一起大笑了。）

可见，销售员想要成功，就需要借助幽默的力量。

日本销售大师齐藤竹之助说："什么都可以少，唯独幽默不能少。"这是齐藤竹之助对销售员的特别要求。许多人觉得幽默好像没有什么大的作用，其实是他们不知道怎么运用幽默。

那种不失时机、意味深长的幽默是一种使人们身心放松的好方法，因为它能让人感觉舒服，有时候还能缓和紧张的气氛，打破沉默和僵局。

据说，美国300多家大公司的企业主管，参加了一项幽默意见调查。这项调查的结果表明：90％的企业主管相信，幽默在企业界具有相当的价值；60％的企业主管相信，幽默感决定着人的事业成功的程度。这一切说明，幽默对于现代人的成功至关重要。

幽默要运用得巧妙，有分寸、有品位。运用幽默语言时要注意：千万不要油腔滑调，否则会让人生厌；说话时要特别注意声调与态度的和谐，是否运用幽默要根据对方的品位来定。

此外，在你打算轻松幽默一番之前，最好先分析你的产品和你的客户，一定要确信不会激怒对方，因为这种幽默对有些人来说根本不起作用，说不定还会适得其反。

当销售的洽谈场面较为尴尬、难堪时，销售员可以用幽默来融洽彼此之间的联系，使场面变得轻松，从而促进彼此之间的合作，进而发展更多的客户。

不要成为客户耳边聒噪的乌鸦

一说起销售员，许多人的第一印象就是"滔滔不绝"，那么，销售员这种"滔滔不绝"真的能为他们带来业绩吗？

在美国，曾有科学家对一批保险销售员进行过研究。因为这批销售员受过同样的培训，业绩却差异很大。科学家取其中业绩最好的10%和最差的10%做对照，研究他们每次销售时自己开口讲话的时间有多长。

研究结果很有意思：业绩最差的那一部分，每次销售时说的话累计为30分钟；业绩最好的10%，每次说话累计只有12分钟。

为什么只说12分钟话的销售员业绩反而高呢？

我们先来看一个案例：

有一位汽车销售员，口才极佳，他向某商人销售汽车时，先是把自己公司的车吹嘘得多么好，多么适合商人的风格，然后是从发动机的性能到家庭的实用性，从它的解装到所有一系列设备，用专业术语把商人说得云里雾里的，商人听完只是冷冷地说："对不起，我不需要。"好在这位销售员没有放弃，费了九牛二虎之力才终于让商人买了一辆车。

过后不久，又一位销售员到商人处去销售汽车。一见面，照例先递上名片："我是某某汽车销售员，我……"刚说几个字，他就被这位商人以十分严厉的口吻打断了，并开始抱怨先前买车过程中的种种不悦，包括报价不实、内装及配备不对、交车等待过久、服务态度不佳等等方面，结果这位新入行的销售员被他吓得一句话也不敢说，只是谦恭地听他抱怨。

这位商人把之前所有的怨气一股脑儿吐完，稍微喘息了一下，才发觉这个销售员好像不是以前的那位，于是便有点不好意思地对他说："年轻人，你贵姓啊，现在有没有好一点的车种，拿份目录来看看吧！"三十分钟后，这个销售员欢天喜地地握着两台车子的订单离开了。

第一位销售员口才不可谓不好，却费了九牛二虎之力才拿下一台车子的订单，而第二位销售员基本没说什么话，却轻松地签下两台车子的订单，其中原因，商人的抱怨基本上已说明了问题：第一位销售员虽有着极佳的口才，但在商人看来他却像一只聒噪的乌鸦，他的解说不但丝毫没有说明问题，而且让客户感到被说教，进而产生反感情绪，影响了销售效果。后一位销售员没有为自己辩解，更没有与客户争吵，而是用自己的谦恭与沉默换得客户的认同，面对这么老实而有诚意的销售员，感觉受到尊重的客户当然对他大开绿灯。

对于销售员来说，"口才"固然是成功的一项资本，但千万不要因此忽略客户的心理感受和反应，不然，这种无视客户的行为只能为其带来失望的结果。

交流才能读懂交易的本质

销售场合中的谈话，既不同于一个人单独时的自说自话，也不同于当众演讲，而是销售双方构成的听与讲相配合的对话。对话的本质并非在于你一句我一句的轮流说话，而在于相互之间的呼应。

瑞士著名心理学家皮亚杰把儿童的交谈方式分为两种，当一个儿童进行社交性交谈时，这个孩子是在对听者讲话，他很注意自己所说的观点，试图影响对方或者说实际上是同对方交换看法，这就是一种对话的方式。但作为儿童，在进行自我中心式的谈话时，其实并不想知道是对谁讲话，也不想知道是不是有人在听他讲。他或是对自己讲话，或者是为了同刚好在那里的任何人发生联系而感到高兴。七岁以下的儿童就常沉溺于这种自说自话，且看两位四岁的儿童是怎样交谈的：

汤　姆：今晚我们吃什么？

约　翰：圣诞节快到了。

汤　姆：吃烧饼和咖啡就不错了。

约　翰：我得马上到商店买电子玩具。

汤　姆：我真喜欢吃巧克力。

约　翰：我要买些糖果和一双皮鞋。

这与其说是两人在对话，倒不如说是被打断了的双人独白。在销售双方的交谈中，有时也会出现这种现象。有的人习惯于喋喋不休地把自己心中所想的事情倾吐出来，而不大顾及对方在想什么和说什么，以至于对方只能等他停下来喘口气时才有机会插进几句话。如果销售双方都是各顾各地抢着说话，就无法真正听进对方的话。

真正的销售对话，应该是相互呼应的过程，自己的每一句话都应当是对方上一句话的继续。对客户的每句话做出反应，并能在自己的说话中适当引用和重复，能够让彼此取得真正的沟通。

在销售过程中，要挑选客户最感兴趣的话题，假如要说有关改进销售效率的问题或要把某项计划介绍给某公司董事会，就要强调它所带来的实际利益；假如要对某项任务的执行者进行劝说，就要着重讲怎样才能使他们的工作更为便利。其实每个客户的想法都一样，他们总希望从谈判桌上得到一些好处。

即使在倾听客户说话时，也不应是被动地接受，还要主动地反馈。这就需要及时做出回应，甚至是会心的呼应。在客户说话时，要不时地发出表示听懂或赞同的声音，或是有意识地重复某句自己认为很重要、很有意思的话。

有时，如果一时没有理解对方的话，或者有些疑问，不妨提出一些富有启发性和针对性的问题，对方一般是乐意以更清楚的话语解释的，这样就会把本来比较含糊的思路整理得明晰些。而且对方也会觉得倾听者听得很专心，对他的话很重视，更会有"酒逢知己千杯少"之感，话题也会因此谈得更广、更深，从而暴露出来对方的内心。

在交谈中，听者应轻松自如，神情专注，随着对手情绪的变化而伴之以喜怒哀乐的表情。通过一些简短的插话和提问，暗示对方自己确实对他的谈话感兴趣，或启发对方引出对自己有利的话题。当对方讲到要点时，要点头表示赞同。点一点头，这实质上是发出一种信号，让客户知道自己在听他的讲话，客户自然会认真地讲下去。当然，这种呼应要表现得自然坦率，不能做作。动辄大惊小怪地做出表情，会使人觉得听者太天真无知，甚至滑稽可笑。

通过对客户讲话的积极回应，彼此之间才能进行有价值的交流，交流顺利自然会促进交易的完成。

用赞美获得客户的好感和信任

乔治·伊斯曼因发明了感光胶卷而使电影得以产生，他积累了一笔高达1亿美元的财产，从而使自己成为世界上最有名望的商人之一。

伊斯曼曾经在曼彻斯特建过一所伊斯曼音乐学校。同时，为了纪念他母亲，还盖过一个著名戏院。当时，纽约高级坐椅公司的总裁亚当森想得到这两幢大楼的坐椅订单，便同负责大楼工程的建筑师通了电话，约定时间拜见伊斯曼先生。

在见伊斯曼之前，那位好心的建筑师向亚当森提出忠告："我知道你想争取到这笔生意，但我不妨先告诉你，如果你占用的时间超过了5分钟，那你就一点希望也没有了，他是说到做到的，他很忙，所以你得抓紧时间把事情讲完就走。"

亚当森被领进伊斯曼的办公室，伊斯曼正在伏案处理一堆文件。

过了一会儿，伊斯曼抬起头来，说道："早上好！先生，有事吗？"

建筑师先为他俩彼此做了引见，然后，亚当森满脸诚意地说："伊斯曼先生，在恭候您的时候，我一直很羡慕您的办公室，假如我自己能有这样一间办公室，那么即使工作辛劳一点我也不会在乎的。您知道，我从事的业务是房子内部的木建工作，我一生还没有见过比这更漂亮的办公室呢。"

伊斯曼回答说："您提醒我记起了一样差点儿已经遗忘的东西，这间办公室很漂亮，是吧？当初刚建好的时候我对它也是极为欣赏。可如今，我每来这儿时总是盘算着许多别的事情，有时甚至一连几个星期都顾不上好好看这房间一眼。"

亚当森走过去，用手来回抚摩着一块镶板，那神情就如同抚摩一件心爱之物，"这是用英国的栎木做的，对吗？英国栎木的组织和意大利栎木的组织就是有点儿不一样。"

伊斯曼答道："不错，这是从英国进口的栎木，是一位专门同细木工打交道的朋友为我挑选的。"

接下来，伊斯曼带亚当森参观了那间屋子的每一个角落，他把自己参与建造的部分一一指给亚当森看。他还打开一只带锁的箱子，从里面拿出他的第一卷胶片，向亚当森讲述他早年创业时的奋斗历程。

伊斯曼情真意切地说到了小时候家中一贫如洗的惨状，说到了母亲的辛劳，说到了那时想创业的愿望，讲了怎样没日没夜地在办公室搞实验等。

"我最后一次去日本的时候买了几把椅子运回家中，放在玻璃日光室里。可阳光使之退了色，所以有一天我进城买了一点漆，回来后自己动手把那几把椅子重新油漆了一遍。你想看看我漆椅子这活干得怎么样吗？好吧，请上我家去，咱们共进午餐，饭后我再给你看。"

当伊斯曼说这话的时候他俩已经谈了两个多小时了。吃罢午饭，伊斯曼先生给亚当森看了那几把椅子，每把椅子的价值最多只有 1.5 美元，但伊斯曼却为它们感到自豪，因为这是他亲自动手油漆的。对伊斯曼如此引以为荣的东西，亚当森自然是大加赞赏。最后，亚当森轻而易举地取得了那两幢楼的坐椅生意。

赞扬是销售员的沟通能力中一个非常重要的技能。就像这个案例中的亚当森，当他得知伊斯曼有两幢大楼的坐椅订货生意时，就直接约见伊斯曼先生，在未见到他本人时就被告知："如果你占用的时间超过了 5 分钟，那你就一点希望也没有了。"通过这个信息，亚当森知道如果自己见面就谈生意，结果肯定是失败，于是他决定改变策略。

在见到伊斯曼之后，他第一句话就是"我一生还没有见过比这更漂亮的办公室呢"，这是一个典型的右脑策略，通过赞扬潜在客户获得对方的好感。果然，伊斯曼先生的态度比想象的要好很多。

接下来，在亚当森参观伊斯曼办公室的过程中，他不断地表现自己的专业素质，使伊斯曼相信自己是个绝对的内行，逐步树立起专家的形象，获得了潜在客户进一步的好感和信任。最后他们还去了伊斯曼的家里共进午餐，亚当森对伊斯曼引以为傲的东西都大加赞赏一番，使双方的关系进一步加深。最终，亚当森取得那两幢楼的坐椅生意也就是水到渠成的事情了。

可见，销售员要想拿下类似难对付的大客户，就一定要掌握赞扬的技巧，先让客户建立起信任感，这样才能顺利成交。当然，销售员在使用赞扬技巧的时候一定要注意两点：一是要真诚；二是要有事实依据。这样才会使赞扬恰到好处，取得最佳效果。

在所有的销售口才技能中，最重要的当属在销售中对人的赞扬，它不仅对销售行为有明显的促进作用，而且对客户关系的改善也有明显的作用。

有时沉默是最好的口才

在与客户交流的过程中，客户明明有购买意向却总是不等销售员介绍完就转身离开，这是怎么回事呢？

张玉初次做古玩生意，他收购了一批据说是清末民初的字画。因为自己不熟悉市场的行情，所以不知道能卖多少钱。于是，张玉经过合计后咬牙发狠地说："就要两万吧，也能赚不少呢。"店伙计见张玉一副犹豫不决的样子说："我看能行，要不然这样吧，你卖时先套套买主的口气，让他先开价，根据情况再定。"

有一个古玩爱好者听说张玉有一批清末民初的字画，主动找上门来要买下。在他们商谈时，张玉一直沉默不语。

这位买主再三追问，张玉始终不说。谁知这位买主终于忍不住了，说："那我先开个价吧，如果你认为不合适的话，我们再商量。10万，你看怎么样？"

这个价格简直出乎张玉的意料，当即张玉便与买主拍板成交。

案例中的张玉之所以能在自己不懂行情的情况下赢得一个较高的价格，完全在于他将沉默当成了一种策略，让客户先亮出底牌。可见，沉默有时是一种无言的口才。

有些销售员在和客户交谈的过程中，尤其是谈价格的时候，总会滔滔不绝地说个不停，而不仔细去听客户的想法。殊不知，客户早已经没有兴趣听他讲下去了。最终的结果可想而知，这样的销售员肯定卖不出去什么东西的。要知道在与客户的交流过程中尤其是在谈价格时，适当地保持沉默是一种智慧，尤其是对于那些一说起话来就滔滔不绝，一心只想说服客户的销售员来说，如果能适时地保持一下沉默的话，也许会给自己的销售工作带来很大的转机。

沉默是一种无言的口才艺术，如何在销售中运用这种口才艺术，你应该记住以下几点：

（1）沉默必须有目的和有计划。

（2）在想要了解客户底牌或客户有意见和想法要表达的时候保持沉默。

（3）沉默的时间要适合，一般保持在5秒左右为宜。

（4）沉默要与你之前的发言、举动等积极行为结合起来。

投石问路，发现客户的兴奋点

不会提问的销售员，卖不掉产品。因为当销售员见到客户的时候，不一定知道客户情况。知己知彼，方能百战百胜，摸不清楚对方的情况就贸然进行销售，其结果也是很难摸得清楚的。这种低效率的事情，聪明人是从来不做的。那么，怎样才能用合适的提问取得销售的成功呢？这就需要启动我们的大脑，投石问路，积极地发现客户的兴奋点。

1. 激起客户的好奇心

如果仔细观察，我们就会发现，优秀的销售员总是不断地开发新客户，而普通的销售员做不到。这不是因为优秀的销售员是谈判高手，也不是因为他们更善于接近他人，而是因为他们知道该如何获得客户的时间和注意力。好奇心是打开销售大门的钥匙。提问销售法最不赞成的就是与那些天生对销售员就抱有戒心的客户勉强建立关系，而是要设法激起客户的好奇心，赢得他们的时间和注意力，从而开启销售之门。

2. 缩小提问范围来建立可信度

当我们步入了销售行业的时候，就已经继承了人们对销售员的所有偏见。除非你能证明自己，否则大多数客户都会认为你是没有什么信用的。所以，很多客户往往在还没有搞清楚对方要销售什么的时候，就把我们拒之门外。这就要求我们必须在最短的时间内建立起自己的可信度。客户一般都希望自己是在和一个专业人士打交道，而非只会照本宣科的人。他们需要相信销售员能够帮助自己找出问题所在，并给出有价值的解决方案。这就要求我们必须把提问的范围缩小到客户最需要的范围之内。

最常用的提出会谈要求的技巧就是问："我能问你一个问题吗？"如果客户对于你是谁或者你能为他们做点什么感兴趣的话，一般都会说"可以"，这样你就获得了提问题的权利。缩小提问的范围，只问客户最感兴趣、最关心的问题是销售程序开始阶段建立信用的一种有效手段。一旦你被客户认定为是值得信任的，你就获得了扩大提问范围以发现客户需求的权利。

3．逐步提升提问重点来发掘客户需求

销售员只有发现客户需求才能销售成功，因此提问更显得十分重要。虽然我们希望能够成功地发现客户需求，但不能让客户感到被信息"塞得太满"而产生逆反情绪。这就要求我们在提问过程中有一个循序渐进的过程，逐步提升提问的"重点"，从而发现客户的需求，提高销售会谈的价值。在这个过程中，我们可以按照这个程序来探明客户的需求：是否存在销售机会→客户可能面临的困难→这些困难意味着什么→是否存在潜在的有价值的解决方案。

4．用倾向性的提问获得更多更准确的反馈信息

在销售的早期阶段，潜在客户对于回答问题持有谨慎态度，这大多是因为销售员此时还没有获得他的信任。但是到了后期，客户可能仍会对回答问题保持谨慎，这是因为他们不愿意谈及某些可能危及自身的话题或伤害与你建立的业务关系。无论是哪种情况，对于销售员来说知道事情的进展程度总是有价值的。因为很多问题都是有倾向性的，许多影响销售结果的因素总是处在不停的变化之中，销售机会也总处于游移不定的状态。有时销售会往好的方面进行，有时却会向坏的方向发展。所以销售员在提问时一定要有一个导向性，准确了解自己到底处在销售过程的哪个阶段，还需要怎么做才能完成交易。

5．推进销售的程序

销售员要懂得维系与客户的关系，因为极少的策略性销售会在初次拜

访中圆满完成，有兴趣立刻做出购买决策的客户太少了。更可能的情况是，客户对产品非常有兴趣，想了解更多的信息。这时候就需要我们的销售员通过一定的程序来强化客户的合作欲望，这个过程包括以下几个程序：

（1）引发兴趣。在销售过程开始的时候，所有事情都要围绕着引发和巩固客户兴趣来进行。可通过进行销售拜访、贸易秀、讨论座谈会和特殊演示等方式使客户尽可能地了解更多有价值和能激发他们兴趣的信息。

（2）销售演示。是否进行销售演示取决于产品本身。在绝大多数销售中，销售演示通常需要伴随着一些活动和情境，这样既可以影响听众，也可以做到信息差异化。

（3）达成交易。这是购买者和销售员在一起讨论购买时间、条款和达成交易的阶段。我们所要做的就是让客户得出结论：你的产品和服务都是物有所值的。

"投石问路"销售法与其他销售方法最显著的区别就是，认为销售员不应该试图说服客户做出购买决定。相反的，"投石问路"销售法着重于让客户自己"想要"购买、倾听并回答问题。

第七章

读懂客户，做销售要像心理学家一样思考

给足面子，满足客户的优越感

国内最著名的房地产公司之一——万科房地产开发公司的老总王石，一直开着一辆大众途锐。是他们公司买不起更高档的轿车吗？不是。是他考虑到，自己经常要和客户见面，有许多客户开的汽车并不是特别高档，假如让他们看到自己的高档轿车，就会使他们感到不自然、心里不舒服，那么，对业务一定会产生不好的影响。

同样，那些会做生意的饭店老板，不会让侍者穿太好的衣服。即使是星级酒店，我们仔细观察，也会发现，虽然侍者的衣服整洁大方，但并不是特别高级的面料。为什么？就是要让来这里吃饭的客人感到舒服。如果大部分客人发现，自己衣服的料子居然比不上饭店侍者穿的衣服的料子，他们是不会开心的。

这些人都很好地照顾了客户的面子，让客户有一种优越感。

要照顾客户的面子，就不能表现得比客户聪明，更不能当面指责客户的错误。

纽约市泰勒木材公司的销售员克洛里，因为"当面指责客户错误"，得到过许多深刻的教训。他决定改变这种做法。

有一天下午刚上班，电话铃就响了。克洛里拿起听筒，电话里传来一个焦躁愤怒的声音，抱怨他们运去的一车木材大部分不合格。那车木材卸下 1/4 以后，木材检验员报告，有 55％不合规格，决定拒绝收货。

　　要是在以前，克洛里到了那里，马上就会不以为然地拿出《材积表》，翻开《木材等级规格国家标准》，引经据典地指责对方检验员的错误，并斩钉截铁地断定所供应的木材是合格的。

　　可是克洛里刚刚参加了培训班，学了许多处理人际关系的原则。他决心既不伤客户的面子，又使问题得到妥善合理的解决。

　　到了工厂，供应科长板着脸，木材检验员满脸愠色。

　　克洛里见到他们，笑了笑，根本不提木材质量的问题，只是说："让我们去看看吧。"

　　他们默不作声地走到卸货卡车旁边，克洛里请他们继续卸货，请检验员把不合格的木材一一挑选出来，摆在一边。

　　克洛里看检验员挑选了一会儿，发现他的猜测没有错，检验员检验得太严格了，而且他将检验杂木的标准用于检验白松。

　　在当地，克洛里检验木材还算是一把好手。但他没有对这位检验员进行任何指责，只是轻言细语地询问检验员木材不合格的理由。

　　克洛里一点也没暗示他检验错了，只是反复地向他请教，希望今后送货时，能完全满足他们工厂的质量要求。

　　由于克洛里的和颜悦色，以一种非常友好、合作的态度虚心求教，检验员慢慢高兴起来，双方剑拔弩张的气氛缓和了。

　　这时，克洛里小心地提醒了几句，让检验员感觉到，他挑选出来的木材可能是合格的；而且，让检验员自己了解到，按照合同价格，只能供应这种等级的木材。

　　渐渐地，检验员的态度改变了。他坦率地承认，他对检验白松的经验不多，并反过来问克洛里一些技术问题。这时克洛里才谦虚地解释，运来的白松为什么全部都符合要求。克洛里一边解释，一边反复强调，只要检验员仍然认为不合格，还是可以调换。

最后，问题解决了，检验员自己指出，他们把木材等级搞错了，按合同要求，这批木材全部合格，克洛里收到了一张全额支票。

因为照顾了客户的面子，克洛里圆满地解决了问题。销售过程中，如果处处卖弄你的聪明，只会引起客户的不快，甚至会伤害他们的自尊，买卖当然也不会成交。如果能够在客户面前表现得谦逊一点，即使是客户不对也不要当面指责，给足客户面子就等于给自己机会。

在销售中要照顾客户的面子，不要表现得比客户更聪明，让对方有一种优越感，这样才会找到你的准客户。

话中有话，读懂客户的言外之意

无论客户是拒绝之辞还是问询之语，每一句话背后都可能隐藏着另一层含义。越是客户醉翁之意不在酒的话，越是值得格外揣摩。

销售工作也是读人的工作，不仅要读懂客户的个性、喜好以及真正需求，还要及时领会客户的每一句话。客户的言外之意往往透露着他们内心的真实想法，这便是我们可以把握住的契机。

一个客户在酒吧里喝酒，在他喝完第二杯后，转身问酒吧的老板："你们一周能卖掉多少桶啤酒？"

老板略有得意之色地回答说："35桶。"

"我有一个办法，能使你一周卖掉70桶的啤酒。"这名客户非常镇静地说道。

老板听了很惊讶，急忙问道："真的吗？究竟是什么办法呢？"

客户淡淡地说："这很简单，你只要将每个杯子里的啤酒装满就行了。"

老板听后恍然大悟，原来这位客户的言外之意是酒不满，量不够，卖出的啤酒就不会很多。

老板心领神会后，立即对装酒的服务员大声喊道："把所有客户的酒杯都装满！"

客户高兴地说："我相信，你很快就能够卖掉70桶啤酒了。"

客户婉转地向酒吧老板表达了啤酒要装满的意见，好在老板能及时领悟，弥补了过失，达到了客户的满意，让客户继续高兴地消费。如果老板没读懂客户的潜台词，很可能就会流失这位客户，甚至会流失更多的客户。可见，只有读懂客户，才能牢牢地抓住客户。

读懂客户的言外之意可能就会顺利签单，留住客户。读不懂可能就是人单两空。因此，在与客户沟通时，要不断挖掘对方内心真正的想法，多问几个为什么，及时领会客户的意思，为下一步的顺利沟通创造条件。

客　　户："我对你们的产品质量非常满意，也很想今天就买。但是，两万元太贵了，我实在没办法。"

销售员："谢谢您对我们的赏识。我想，我们的产品对您的确很适用。您说'太贵了'是什么意思呢？"

客　　户："我没这么多现金，只有一部分现金和一张小额信用卡。"

销售员："嗯，原来如此。没关系，我们这个产品是可以办理信用卡分期付款手续的。每个月只需付2000元，这样就不会有问题了。您觉得呢？"

客　　户："嗯，行。"

这名销售员多问了一个问题，就了解了客户内心的疑虑和担忧。当我们揣摩不透客户的言外之意时，就要想办法通过进一步的沟通深入了解。而真心想要购买我们产品的客户，也愿意向我们袒露内心的想法，只是我们需要为客户搭建一个诉说情况的平台。

当我们与客户沟通时，不仅要会说话，更要会听话。能够听出客户的弦外之音，才能把握客户内心的真正诉求。很多客户出于面子、不信任感、时间问题等原因，说出的话不一定都是内心真正的想法，我们要做的就是透过客户表层的话挖掘其真正含义，读懂客户的言外之意。

换位思考，从客户角度出发诱导

有的销售员曾开玩笑地说："全世界最长的距离就是从客户的口袋到销售员的口袋这一段距离。"说这句话的人往往在销售的过程中只负责说他自己觉得很重要的事和他自己觉得客户所需要的。所以虽然他拜访了千百次客户却仍然找不到突破口。设想一下，如果你就是一个在销售员"轰炸"下的客户，你会不会购买呢？

当然不会，假如销售员讲得随心所欲，除非他所谈论的刚好碰到你所需要的重点，自己才会购买。不是吗？

就是这样，如果你的方法、态度，都没有办法令自己购买，你怎么可能让客户购买呢？所以在你销售任何商品给你的客户之前，先试着将这种商品销售给你自己，如果你能够成功地销售商品给你自己，你就已经成功了一大半！这也就是销售中的置换销售，就是要站在客户的立场上做销售。

下面这个古代的小故事能帮助我们弄清什么是置换思考。

《列子·说符》中记载：有一天，杨布穿了件白色的衣服出去，路上遇雨，于是脱去白色的外套而露出黑色的里衣，等他回到家时，他家的狗对着他大叫，他非常生气，拿起棍子对着狗就要打。他的哥哥杨朱拦住他说："如果你家的白狗出去而回来时成了黑狗，你能觉得不奇怪吗？"

上述故事说明了置换思考就是把当事双方的角色进行置换，站在对方的立场看问题，从而透彻地理解对方，对对方做出正确的评估，并做出必要的反应。

所以，进行换位思考应遵循三个步骤：

（1）收集对方相关的背景信息。

（2）进行综合评估。

（3）做出针对性必要反应。

有一个在淘宝网上经营电话卡的商家，通过用心经营，如今已经拥有4个皇冠的信用度，成功交易15万人次，拥有80%以上的回头客，好评率达99.99%，店主本人也被淘宝予以"super卖家"的荣誉。

有人问他成功的秘诀是什么，在交流中他一直强调置换思考。总是把自己放在一个买家的位置上，想想希望卖家提供哪些服务。当客户的需要得到满足时，生意自然越做越好。比如，店主在销售中发现，现在电话卡多种多样，运营商也很多，买家分辨不清，经常会问有没有适合自己既便宜又好用的卡，于是，店主就写了一个帖子，利用自己的专业知识介绍哪些情况适合用哪种卡。买家看到这个帖子很开心，感到终于找到了自己想要的卡，这样，客户的回头率就高了。

在销售中，我们只要对角色进行正确定位，并有针对性地采取决策，就会大幅提高销售的成交率。

此外，一个优秀的销售员通常会事先收集客户的详细资料，掌握客户的相关信息后，进行详细规划，与客户见面时他会这样说："先生，如果我是你，你知道我会怎么做吗？"

自然的，客户就会问："你会怎么做？"这时销售员就可以说明从客户立场精确考虑的建议，并提出有利于他的方面，协助他做最终的决定。

置换思考的好处是不言而喻的，它能更深层次地让客户信任你，而你也能得到更多的潜在讯息。

直接命中，让客户产生迫切购买的心理

康耐斯从事保险工作多年了，他知道如何去应对各种类型的客户，尤其是那些还没有保险意识的人。下面就是他说服客户的过程。

客　户："我身体很健康，根本不需要买保险！"

康耐斯："听您这么说真应该恭喜啊！不知道您有没有玩过纸牌或是买过彩票？"

客　户："玩过一阵子，现在不玩了！"

康耐斯："其实，我们每个人每天都在赌博！（客户愣了一下）和命运之神赌，赌健康、赌平安无事，如果我们赢了，就可以赚一两个月的生活费用，万一要是输了呢？将把日后家庭所有的费用全部输光。您认为这种做法对吗？您既然认为赌博不好，可是您现在为了省下一点点保险费，却是拿您的健康作为赌本，赌您全家的幸福！"

客　户："我有存款可以应付家用，不需要买保险！"

康耐斯："储蓄是种美德，您能这么做可见您是个很顾家的人！但是，我冒昧地问一句，以您目前的存款是否能支付家里五年或十年以上的费用？哦！对了！我刚刚在外面看见您的车子，真漂亮！好像才开一年多吧！不晓得您有没有买安全保险？"

客　户："有！"

康耐斯："为什么呢？"

客　户："万一车被偷了或被撞了，保险公司会赔！"

康耐斯："您为了怕车被偷或被撞，为车子买安全险，车子怎么说也

只是个代步工具，只是资产的一部分，但是，您却忽略了创造资产的生产者——您自己，何不趁现在为家庭经济购买'备胎'？"

客　户："你说得有道理，那你说以我目前状况买哪种保险最好呢？"

心理专家分析说，客户购买产品或者服务，一方面是为了从中获得某种实惠或者给自己带来某些方便快捷，另一方面则是为了获得一定的安全或健康需要。当销售员发现客户对产品或服务比较关注时，便可以巧妙地提醒客户，如果不及时购买此类产品或服务，将会失去重要的安全或健康保障。当我们用语言或行动提醒客户，如果此时不购买产品可能会失去某些利益时，就会给客户带去很大的触动，让客户产生紧迫感，从而达到"购买从速"的效果，但是前提是你的产品让客户满意。

我们看到案例中的保险销售员，面对的客户起初并没有强烈的购买欲望，但经过他巧妙的语言引导，并从客户角度出发做出了一番比较分析后，客户动心了。首先销售员把健康和赌博联系起来进行说明，为客户阐释了健康保险的重要性；接下来，又把保险比喻成家庭经济的"备胎"，进一步形象地述说了保险对于客户来说是当务之急。在这个过程中，销售员的语言运用是十分形象生动的，足见其优秀的表达能力，而后所做的比较分析与说明进一步体现了销售员很强的逻辑思维能力。正因于此，才使客户心中激起了非买不可的、迫切的购买心理，这笔交易自然就成功了。

有些销售员费了半天口舌，客户虽然没有表示出异议，但对产品仍然无动于衷。这时候，销售员就应该直接点出客户的危机意识，运用语言技巧让客户有"如果这次不买会很遗憾"之感，从而造成求之不得的迫切购买心理。

满足心理，为客户营造 VIP 感觉

不同的销售员向同一个客户销售同一种产品，明明看到他在与客户闲聊却可以当场成交，为什么你在认真地介绍产品却无法被客户接受？这时候，销售员要做的就是满足客户的心理。客户真正需要的除了商品，更是一种心理满足。心理满足才是客户选择购买的真正原因。

劳尔是铁管和暖气材料的销售商，多年来，他一直想和某地一位批发商业务范围极大、信誉也特别好的铁管批发商做生意。

那位批发商却是一位特别自负、喜欢使别人发窘的人，他以无情、刻薄为荣，所以，劳尔吃了不少苦头。每次劳尔出现在他的办公室门前时，他就吼叫："不要浪费我的时间，我今天什么也不要，走开！"

面对这种情形，劳尔想，必须改变策略。当时劳尔的公司正计划在一个城市开一家新公司，而那位铁管批发商对那个地方特别熟悉，在那个地方做了很多生意。于是，劳尔稍加思考便又一次去拜访那位批发商，他说："先生，我今天不是来销售东西的，是来请您帮忙的，不知您有没有时间和我谈一谈？"

"嗯……好吧，什么事？快点说。"

"我们公司想在 ×× 地开一家新公司，而您对那个地方特别了解，因此，我来请您帮忙指点一下，您能赏脸指教一下吗？"

闻听此言，那个批发商的态度与以前简直判若两人，他拉过一把椅子给劳尔，请他坐下。在接下来的一个多小时里，他向劳尔详细地介绍了那

个地方的特点。他不但赞成劳尔的公司在那里办新公司，而且还着重向他说了关于储备材料等方面的方案。他还告诉劳尔他们的公司应如何开展业务。最后二人谈得更加投机，话题扩展到私人方面，批发商变得特别友善，并把自己家中的困难和夫妻之间的不和也向劳尔诉说了一番。

最后，劳尔告辞的时候，不但口袋里装了一大笔初步的装备订单，而且两人之间还建立了友谊，此后两人还经常一块去打高尔夫球。

威廉·詹姆士说过："人类本质中最热切的需求，是渴望得到他人的尊重和肯定。"因为渴求别人的重视，是人类的一种本能和欲望。渴望被人重视，这是一种很普遍的、人人都有的心理需求。在销售过程中，客户真正需要的并不仅仅是商品本身，更重要的是一种心理上的满足感。

案例中的劳尔最初只是从自己的意愿出发，单调地向客户介绍产品，何况遇到的又是自负刻薄的批发商，被轰出门外也不为奇。如果你一直在滔滔不绝地介绍自己的产品而忽略了对客户起码的尊重和感谢，是无法满足客户的心理需求的。

当劳尔改变策略时，强硬的批发商突然转变了态度，热心地给予帮助，谈话很是友好。劳尔最终不仅拿到了订单而且还与批发商建立了友谊，收获颇丰，其原因就在于劳尔真诚的请教让客户受到了足够的重视，从而满足了批发商的倾诉需求，于是他很自然地从情感上对劳尔也表示了认同，促成了这笔交易。

客户选择购买的主要原因，从心理学的角度分析，是希望通过购买商品和服务而得到解决问题的方案及一种愉快的感觉，从而获得心理上的满足。在生存性消费需要得到满足之后，客户更加希望能够通过自己的消费得到社会的承认和重视。敏锐的销售员应该意识到，客户的这种心理需求正好给销售员销售自己的商品带来了一个很好的突破口。真诚地尊重客户，给他们满足感，是打开对方心门的金钥匙。

　　销售员要永远都让客户感受到自己的重要性，多给客户一些关心和理解，给客户足够的尊重和付出，以满足客户心理上的需求，与此同时，我们也会得到客户的回报。与满足感相对的，是害怕被人漠视的心理。销售员要仔细观察，有时候通过适当的反面刺激，也会达到欲扬先抑的效果。所以在销售过程中，销售员也可以适度地说一些反面的话来刺激客户的自尊心，从而促使客户一狠心买下更贵的产品以显示自己的不容小视。

互惠心理，让客户主动回报于你

约翰任职于一家大型机械制造公司。有一次，他被指定向一家大公司销售产品。经过调查，约翰了解到，只有这个公司的总经理才有大宗物品的采购权。于是，约翰决定前去拜访他。

当约翰被领进总经理办公室时，有位年轻的女子从门外探头告诉总经理，她今天没弄到邮票。

总经理对约翰解释说："我在替我那10岁的儿子收集邮票。"

约翰说明了来意，并开始介绍产品。但那位总经理却显得心不在焉，根本无心向约翰购买产品。就这样，约翰的第一次造访失败了。

该怎样说服那位总经理呢？约翰绞尽脑汁，突然，他想起了那位年轻女子的话。正巧，约翰的妻子在银行业务部工作，她收集了许多邮票，那些邮票是从五湖四海的来信上剪下来的，一般人很难弄到。

第二天下午，约翰又去拜访那位总经理。约翰对传话人说："请转告你们的总经理，我为他儿子弄到了一些邮票。"

总经理满脸堆笑地接见了约翰，他一边翻弄那些邮票，一边不断地说："我的乔治一定喜欢这张，看这张；这是珍品！"

总经理还兴致勃勃地拿出儿子的照片来，他们谈了差不多半个小时的邮票。

在接下来的一个小时里，总经理主动把公司的采购要求向约翰和盘托出，最后向约翰购买了五件大型机械产品。

　　中国人有一句古话："来而不往非礼也。"当人们得到了他人的某些好处时，他就会想用另一种好处来报答他，或者做出某些退让，这样皆大欢喜，才会倍感心安。在这样的心理压力作用下，很少人能够无动于衷，这就是互惠原则的巨大影响。

　　案例中约翰第一次的失败是因为没有意识到总经理当时最需要的东西，仍一味地介绍自己的产品，总经理此时根本无心听他的话，最终也是无疾而终。而后来约翰利用自己妻子的关系帮助那位总经理的儿子找到了渴望得到的邮票。这时，基于约翰的这点小恩惠，总经理自己的需求得到了满足后，自然就主动提出与约翰达成了交易。

　　为什么互惠原理有如此威力？因为中国人在礼尚往来的传统思想的影响下，大都有一种不愿负债的心理。一旦受惠于人，心理会有一种压力，让人迫不及待地想要卸下，这时就会痛痛快快地给出比我们所想的多得多的回报，以使自己得到心理重压下的解脱。把互惠影响运用到销售之中，会产生非常好的效果。想要获得什么样的回报，往往不在于别人想要给你什么，而是你曾经给了别人什么。当你实实在在地为别人做了一些事情，给他带去了一些好处，别人就会想方设法地来报答你为其所做的一切。这是典型有效的利用互惠原理进行的销售策略。

　　生活中，我们常见到超市的"免费试用""免费试吃"活动。超市安排相关销售员将少量的有关产品提供给潜在的客户，他们介绍说这样做的目的是让他们试一下看自己到底喜欢不喜欢这个产品，而活动真正的奥妙在于：免费试用品从另一个层面说是可以作为一种礼品的，因此可以把潜在的互惠原理调动起来，让品尝过的消费者产生因有亏欠感而不好意思不买的心理。

　　受人恩惠就要回报是互惠原理的心理依据，它可以让人们答应一些在没有任何心理负担的时候——一定会拒绝的请求。所以，此原理最大的威力就是，只要先施予对方一点小小的恩惠，然后再提出自己的要求，即使你是一个陌生人，或者是让对方很不喜欢的人，也会大大减小对方拒绝这个要求的可能。

在销售中，如果能够牢记并巧妙地运用互惠原则，给客户一些恩惠，使客户产生负债感，便能够在回报意图的作用下，有效地促使客户购买你所销售的产品。随着客户消费心理越来越成熟、理性，很多时候，人们会选择拒绝别人的礼物和帮助。如果出现这样的客户，销售员采用的最好的方法是继续坚持下去，就如同追求女孩子一样，送一次、两次鲜花并不难，但若坚持半年甚至一年就会很难，如果坚持下去，终有一天女孩会接受你。同样，只要销售员坚持竭诚地为客户服务，让他感受到你的真诚与付出，终有一次客户会被你感动并给你回报。

第八章

言之有情，恰到好处地把情感融入语言

多点亲和力，学会和客户拉家常

时常有销售认为，与客户谈话，就应该言简意赅、直奔主题。为什么要这么做呢？原因如下：第一，节约了彼此的时间，让客户感觉自己是个珍惜时间的人；第二，认为这样提高了效率。事实上，这些都是销售员自己的一厢情愿。

如果我们平时和客户的谈话风格就是这样，那么赶快检讨一下自己。其实，这样的做法多半会让人反感，客户会以为你和他只是业务关系，没有人情味。当然，当他为了你的预约而守候半天时，你的直奔主题常常会令他觉得很不受用，仿佛你是日理万机抽空来看他一眼似的。

正确的做法是我们必须学会和客户适当地谈谈题外话，这样也更容易成功。所谓题外话就是说些围绕客户的家常话，如同他的老朋友一般关心他，但不要涉及他的个人隐私。

林小艾是某化妆品公司的美容销售，也是位善于观察的行家。一次，她要去拜访一位在外企上班的白领张小姐。

那日，林小艾去的正好是张小姐刚刚装修好的新家。张小姐的家布置得十分古典，韵味十足，如诗如画的环境无一不向外人诉说女主人的品位与爱好。

林小艾看到了这一点，不着痕迹地询问起她的每一件家居的来历，并表示出极大的赞赏。张小姐自然很开心地和她聊天，她们从家居的风格谈到风水，再到新女性的经济独立、人格独立，天南地北地谈了两个多小时，却对化妆品只字未提。

末了，张小姐一高兴，买了许多昂贵的化妆品。此后，张小姐成为了林小艾的老主顾，并为她介绍了不少新客户。

一份难能可贵的客户关系就由一次不经意的拉家常开始了。拉家常看似简单，实则非常有学问。这需要我们练就一双火眼金睛，能迅速找到客户的兴趣点和令其骄傲的地方。

从上述案例，我们可以发现，人们往往缺乏听销售介绍产品的耐心，却愿意花时间同那些关心自己需要、想法和感受的人在一起相处。销售应当好好利用人们的这一心理，有效提升销售的成功率。

投客户所好，先做朋友再谈生意

美国著名律师克拉伦斯·达罗说过："一个诉讼律师的首要任务就是要让陪审团喜欢他的客户。"

人们总是愿意答应自己认识和喜欢的人提出的要求，与自己有着相似点的人、让我们有愉悦感的人，通常会成为我们喜欢的人，"投其所好"说的也是这个道理。在销售过程中，你不妨有意识地同客户交朋友。

高珊是一名自然食品公司的销售员。一天，高珊还是一如往常，登门拜访客户。在她把芦荟精的功能、效用告诉给客户后，对方表示没有多大兴趣。当她准备向对方告辞时，突然看到阳台上摆着一盆美丽的盆栽，上面种着紫色的植物。

于是，高珊好奇地请教对方说："好漂亮的盆栽啊！平常似乎很少见到。"

"确实很罕见。这种植物叫嘉德里亚，属于兰花的一种，它的美，在于那种优雅的风情。"

"的确如此。一定很贵吧？"

"当然了，这盆盆栽要800元呢！"

高珊心里想："芦荟精也是800元，大概有希望成交。"于是她开始有意识地把话题转入重点。

"我也很喜欢养花，正好朋友才送了一盆君子兰，可是我听说兰花很娇贵，我没有养过兰花，正发愁不知道怎么办呢？"

这位家庭主妇觉得高珊真是有心人，于是开始倾其所知传授所有关于兰花的学问，等客户谈得差不多了，高珊趁机销售产品："太太，您这么喜欢兰花，一定对植物很有研究。我们的自然食品正是从植物里提取的精华，是纯粹的绿色食品。太太，今天就当作买一盆兰花，把自然食品买下来吧！"

结果这位太太竟爽快地答应了。她一边打开钱包，一边还说："即使是我丈夫，也不愿听我絮絮叨叨讲这么多；而你却愿意听我说，甚至能够理解我这番话，希望改天再来听我谈兰花，好吗？"

在上面的案例中，高珊的销售行为原本已成败局，没想到一个不经意的发现让她有了和客户进行第二次交流的机会。于是，她决定做出改变，想从客户感兴趣的事情上谈起，有意识地把话题切入正题。她先是从请教养护兰花的注意事项开始，打开了客户的心门，获得客户的好感、进一步建立友谊，最后又巧妙地抓住时机成功地销售出自然食品。

因此，销售员与客户打交道时，掌握客户的兴趣并对其"投其所好"是销售员成功实现销售的重要突破口。因为志趣相投的人是很容易熟识并建立起融洽关系的，如果销售员能够主动迎合客户的兴趣，谈论一些客户喜欢的事情或人物，把客户吸引过来，当客户对你产生好感的时候，购买你的商品也就是水到渠成的事情了。

那么销售员怎么才能把握客户的喜好并使自己与其有相似之处呢？可以从以下5个方面发觉自己与客户的相似度。

（1）打造迷人的外表吸引力。一个人的仪表、谈吐和举止，在很大程度上决定了他在对方心目中是否能受到欢迎。

（2）迅速寻找彼此的相似性。人以群分，有着相同兴趣、爱好、观点、个性、背景，甚至穿着的人们，更容易有亲近感。

（3）想办法与目标对象接触。人们总是对接触过的事物更有好感，而对熟悉的东西更是有着特别的偏爱。

（4）制造与美好事物的关联。如果我们与坏的事情联系在一起，会影响到我们在旁人心中的形象。

（5）毫不吝惜你的赞美之词。发自内心的称赞，更会激发人们的热情和自信。

如果销售能够找出自己与客户的相似点，攻破客户的心理障碍，从而打开客户心门，与客户像朋友一样谈生意，销售就成功了一大半。

真诚关心，利用内疚给客户施压

著名心理学家佛洛姆说："为了世界上许多伤天害理的事，我们每一个人的心灵都包扎了绷带。所有的问题都能用关心来解决。"这句话给关心下了一个最好的注脚。

我们来看这样一个故事：

有一个杀人犯，被判了无期徒刑，关在监狱里。他无父母、妻子、儿女，既无人探监也无任何希望，在狱中独来独往，不与任何人打招呼。再加上他健壮又凶恶，也没有人敢惹他。

有一天，一个神父带了糖果与香烟来狱中慰问犯人。神父碰见那位无期徒刑犯，递给他一根香烟，犯人毫不理睬。神父每周来慰问，每次都给他香烟，杀人犯无反应，如此延续了半年之后，犯人才接下香烟，不过还是面无表情。

一年后，有一次神父除了带糖果与香烟，另外带了一箱可乐。抵达监狱后，神父才发现忘了带开瓶器，正在一筹莫展时，那个犯人出现了。他知道神父的困难后，笑着对神父说："一切看我的。"接着，就用他锐利的牙齿把一箱的可乐都打开了。

从此以后，犯人不但跟神父有说有笑，而且神父在慰问犯人时，他自动随侍于左右，以保护神父。

这个故事告诉我们，真诚的关心可感化一切，就是一个毫无希望的被判无期徒刑的罪犯，照样会被它所感动。一个不幸的人，一旦发觉有人关心他，往往能以加倍的关心回报对方。

戴尔·卡耐基说："时时真诚地去关心别人，你在两个月内所交到的朋友，远比只想别人来关心他的人在两年内所交的朋友还多。"那些不关心客户，只盼望客户来体谅自己的销售员，应时刻用这句话告诫自己。

某汽车公司的销售员，每次在成交之后，客户取货之前，通常都要花上3～5个小时详尽地演示汽车的操作。这个销售员这样说："我曾看见有些销售员只是递给新客户一本用户手册让他们拿去自己看看。在我所遇见的人中，很少有人能够仅靠一本手册就能搞懂如何操作一辆这样的游艺车。我们希望客户能最大限度地满意我们的关心，因为我们不仅期望他们自己回头再买，而且期望他们介绍一些朋友来买车。一位优秀的销售员会对客户说，'我的电话全天24小时都欢迎您拨打，如果有什么问题，请给我的办公室或家里打电话，我随时恭候。'我们都精通我们的产品知识，一旦客户有问题，他们一般通过电话就能解决，实在不行，还可以联系别人帮忙"。

优秀的销售员要做到的是，为客户提供最多的优质的关心，成功的销售生涯正是建立在这类关心的基础上。

多做小事，掀起客户的情感波澜

无论物质多么丰富，科技如何进步，人们内心深处都渴望感动。美国销售大王乔·坎多尔福曾说过："销售工作98%是感情工作，2%是对产品的了解"。从这一角度来说，在营销过程中，如果客户不能感知并产生感动，效果肯定不会明显。

从心理学角度来讲，越是小事越容易打动人心，一旦被感动，人们往往会深深地记在心里，很难忘记。作为与客户经常打交道的店铺人员，最好从细微之处下功夫，多做小事，用心去打动客户。

一天午后，正值某商场销售员换饭时间，四楼男装专卖销售员田宇前往美食广场就餐，当他来到洗手间时，看到一名男客户低着头不停地向脸上捧水冲洗面部。细心的田宇发现客户的鼻子在淌血。这时，田宇顾不上洗手，立即叫客户稍等一下，为客户拿来了餐巾纸，帮助客户及时用餐巾纸将鼻血止住了。

田宇这一小小举动，让客户极为感动，连声向他道谢，同时表示一定要去找领导要求表扬田宇。田宇执意谦让不必，他说："先生，这只是一件小事，是我应该做到的。"说完转身走到就餐处去吃饭。心存感动的客户又追到田宇就餐的地方，以最真诚的方式向他深鞠一躬，以表达自己最真挚的谢意，而后，面带笑意地离开了。

销售员田宇原本举手之劳的一件小事，却赢得了客户的万分感谢。由此看来，服务在细节中，感动发生在小事中。用心，就会发现可能被别人忽略的细节，于是，感动由之而来，成就由之而来。也许，一个关注的眼神、一句温馨的话语就能感动客户；一次耐心的讲解就能让客户怒气顿消；一次小问题的克服就能解决客户眼中的"大问题"……多做小事，亦是商家深入人心的秘诀。

成功者的共同特点，就是能做小事情。那么，我们应该如何从细节之处感动客户呢？

1. 给客户小惊喜

很多客户进到店铺中，并没有特定的期待，不会期待一杯水、一块凉毛巾，甚至不会期待热情的开始和诚恳的态度，如果销售员能够做到这样，定能给客户带来意外的惊喜，进而显出店铺的人性化服务。

2. 为客户做贴心的事

成功的店铺在于能够通过一些贴心的小事赢得客户的感动，建立与客户之间的友情。如商品出售后，尽量给客户进行完美包装。如遇到雨天，可以为客户打车或借雨伞给客户，以赢得客户的感动。

3. 主动地为客户服务

销售员必须履行对客户应尽的责任，必须对客户心存感激并主动为客户服务。只要客人一表示有什么问题，就要尽力帮助。最终即便客户不购买商品，也会把销售员当成朋友。成功的店铺能创造出客户的感动，建立起超价格的友情。

一点小恩惠可以带给客户大惊喜。

从心理学角度说，占小便宜几乎可以算得上是人类的一个共性，每个人都希望吃到一次"免费的午餐"。心理学家通过对人们的心理进行深度透析发现，其实爱占小便宜的心理更多的不是为了功利，而是为了那占到"小便宜"后喜悦轻快的好心情。

同样，针对消费者这一心理特征，商家可以适当地给客户一些小恩小惠，满足其心理需求，让其尝到甜头。在很多情形下，客户在买东西时总想买到超值的物品，因此商家可以利用人类的这种心理进行营销。一般说来，没有人会拒绝免费的东西，商家惯用的手段就是用一些小礼品作为敲门砖，这种方法虽不新鲜，但却实用。

一天，一位客户来店内购买电脑，经过一番讨价还价，销售员郭东适时地为这位口干舌燥的客户倒上了一杯茶。客户坐下来品茶时，发现这杯茶的味道非常好，忍不住问是什么茶叶，郭东说是他自己新买的一种茶叶。生意成交后，就在客户要走的时候，郭东却把一包茶叶送给了客户。客户意外地得到馈赠，心里当然特别的高兴。显然，这个客户收获了惊喜，自然而然就成了店家的老主顾。

有人觉得郭东的这种经营就是变相贿赂客户。郭东自己却不这么看。他认为提供一些小恩小惠并不是贿赂，目的只是要使买主更能接受自己的讯号而已。如果客户确实不需要这种商品，也不一定为此而蒙受损失，因为小恩小惠的销售术只用于增加感情上的交流。

"聪明的男人会先让女人占尽小便宜，然后赢得了女人的心。"这虽然只是一句俏皮话，但商家却可以拿来参考，先让客户占尽小便宜，然后赢得客户的心。商家常用的手段包括优惠打折、免费送货、赠品、附加服务，如此种种"小恩小惠"都可以让客户感到喜悦。聪明的商家明白：只有让客户占尽"小便宜"，才能为自己赢得"大利益"。

如果销售员能适时给客户创造一些意外的惊喜，真正打动客户的内心，带给客户一些美好的购物经历。这些事情有可能会让他们永远铭记在心。

给予客户满意的服务，让客户感到亏欠

世界著名汽车销售大王乔·吉拉德说："销售游戏的名称就叫作服务，尽量给你的客户最好的服务，让他一想到和别人做生意就有罪恶感。"销售员要尽可能地帮助客户做事，而且要让你所做的每一件事，使对方感到亏欠你。这时，客户就会经常以光顾你的生意这种方式来回报你。

销售员做事，请记住不要为了卖商品而进行帮助，而是要尽可能地为客户分忧，真正做到急客户之所急，想客户之所想。你的帮助若真正从心里打动了客户，即使销售不要求客户购买产品，客户也会主动购买你的产品。

文月在西安新颖商场饰品区的一个手工艺品店当销售。这天下午，有一个客户来到店内，文月微笑着迎上去问候："你好，请问这位先生有什么需要帮助的吗？"客户看到文月的服务态度如此热情，回答说："我不知道应该买一个什么样的礼物送给女朋友，你可以帮我推荐一下吗？"

原来，这个客户想举办一个浪漫、别致的求婚仪式向女朋友求婚，但具体的细节与礼物一直没有确定下来，眼看着求婚的日期一天天逼近，他不得不来到商场瞎逛，希望能看到一个满意的礼物，买下来送给女朋友。

文月弄清楚原委后，马上表示愿意帮助这个客户想办法。同时，她也知道求婚这事对此客户非常重要，弄砸了，后果很不好。于是，她征得客户的同意后，马上把这件事告诉附近几家店铺的销售员。这些销售员一个个都是年轻的女孩，自然了解女孩的心理，都热心地出主意，想办法。

大家一致提议应该先买个戒指，求婚的时候比较有气氛，如果对方愿意戴上就表示同意。最后，在大家的帮助下，这个客户认为在城墙上向女朋友求婚的方式比较有意义。接下来，文月和同事又积极地为这个客户具体策划求婚仪式。她们还利用公休时间帮他一起选道具服装，帮助他修改求婚告白。

一切准备就绪后，这个客户假装邀约女朋友到城墙上观风景，然后假借上厕所的空换上道具——灰太狼服装，然后跑到女朋友跟前，女朋友觉得很好玩，笑着看他表演，只见他单膝跪地，送上一束玫瑰，拿出了早已准备好的戒指，动情地说出了求婚告白，女朋友很感动，伸出手让他把求婚戒指戴到手上。求婚取得完美成功。

后来，他们结婚了，还专程到商场给文月和她的同事送喜糖。文月和同事们的热心帮助让他一直铭记在心，他和妻子每次购物总会去逛逛文月所在的那家店。

如果你是一个有心人，可以发现但凡做得成功的销售人员，他们都有一样共通的特质——为客户尽可能地多做事，不断地用优质的服务对待客户，客户多数无法抗拒。也许一两次的帮助无法赢得客户的信任，但如果一如既往的这样去做那确实需要毅力和耐性，定会收到意想不到的结果。

销售员只有做令客户感动的服务，才会拉近与客户间的关系，才会使客户忠实地跟随你。一般来说，让客户感动的服务有以下三个方面。

1. 主动帮助客户拓展事业

了解客户的业务，想办法帮助他们。在任何有可能的方面帮助你的客户——不管和你的销售有没有关系，你只要能帮助客户梦想成真，他们就会助你心想事成。

2. 提供与产品无关的服务

如果你的服务与你的产品相关联，客户会认为那是应该的，如果你的服务与你的产品无关，那他会认为你是真心的关心他，他也会真心对待你，而这才是你最想要的最好的效果。

3. 真诚地关心客户及其家人

如果可能，最好能记住客户孩子的名字，重视客户家人的卖家永远不用担心生意会惨淡。毫无条件地对客户的家人提供帮助，客户会给你更多。

第九章

价格博弈，巧妙应对讨价还价的客户

从结论到现象，演绎能力消除客户的顾虑

王鹏从事燃气灶销售工作。一次，他向一位客户推销煤气灶，经过宣传、解释，客户有了购买意向。但在最后时刻，客户变了卦。客户说："你卖的煤气炉 788 元一个，太贵了。"

王鹏不慌不忙地说："788 元也许是贵了一点儿。我想您的意思是说，这燃气灶点火不方便，火力不够大，煤气浪费多，恐怕用不长，是不是？"

客户接着说："点火还算方便，但我看煤气会消耗很多。"

王鹏进一步解释说："其实谁用燃气灶都希望省气，省气就是省钱嘛。我能理解，您的担心完全有道理。但是，这种燃气灶在设计上已充分考虑到客户的要求。您看，这个开关能随意调节煤气流量，可大可小，变化自如；这个喷嘴构造特殊，使火苗大小平均；特别是喷嘴周围还装了一个燃料节省器，以防热量外泄和被风吹灭。因此，我看这种燃气灶比起您家现在所用的旧式煤气炉来，要节约不少煤气。您想想是不是这么回事？"

客户觉得王鹏说的有道理，低头不语。王鹏看出客户心动了，马上接着问："您看还有没有其他的顾虑？"

客户的疑虑完全打消了，再也说不出拒绝购买的理由了，随即说道："看来这种燃气灶真的很好，那我就要一个吧！"

在案例中，客户在有了购买意向后，突然变卦说燃气灶太贵了，很显然客户出现了异议，当然也可能是客户拒绝购买的借口。销售员王鹏了解了客户的想法后，说"788 元也许是贵了一点儿"。这句话中，王鹏首先

承认客户的立场，然后把对方的抽象立场转换成具体的有关商品本身的性能问题，因为这些都是可以检验的。同时，商品价格的高低，只有与商品的性能联系在一起，才有客观的标准。

果然，客户又说："点火还算方便，但我看煤气会消耗很多。"很显然，客户的拒绝已从"价钱太贵"缩小到"煤气消耗太多"上来了。王鹏抓住"煤气消耗太多"这个结论，开始发挥自己的演绎能力，为客户详细解释了产品是如何节约煤气的，完全打消了客户的顾虑，最终客户决定购买。

人类具备两个基本的逻辑思维能力：一个是归纳，一个是演绎。销售员经常与客户沟通，对这两个能力的应用一个表现在讲述现象，一个表现在讲述结论。从现象到结论是一个归纳的过程，从结论到现象是一个演绎的过程。这个案例就是以演绎能力制胜的典型案例。

在销售过程中，销售员要善于抓住客户话语中的结论性语句，然后发挥自己的演绎能力，找出符合那个结论的各种现象，从而取得客户左脑的认同，最后成功签单。

运用数字技巧分析客户嫌贵的商品

一位销售员正在向客户销售一台价格不菲的电视机。

客　户："这台电视实在太贵了。"

销售员："您认为贵了多少？"

客　户："贵了 1000 多元。"

销售员："那么咱们现在就假设贵了 1000 元整，先生您能否认可？"

客　户："可以认可。"

销售员："先生，这台电视您肯定打算至少用 10 年以上再换吧？"

客　户："是的。"

销售员："那么就按使用 10 年算，您每年也就是多花了 100 元，您说是不是这样？"

客　户："没错。"

销售员："1 年 100 元，那每个月该是多少钱？"

客　户："喔！每个月大概就是 8 块多点吧！"

销售员："好，就算是 8 块 5 吧。您每天至少要用一次吧？"

客　户："有时更多。"

销售员："我们保守估计为每天一次，那也就是说每个月您将用 30 次。所以，假如这台电视每月多花了 8 块 5，那每次就多花不到 3 毛。"

客　户："是的。"

销售员："那么每次不到 3 毛，清晰的画面却能让您看得更舒服。而且 LED 背光源还具有惊艳卓绝的外观，硬屏面板，从画质到色彩、从功能到外观都很突出，您不觉得很划算吗？"

　　客　户："你说得很有道理，那我就买下了。你们是送货上门吧？"

　　销售员："当然！"

　　案例中，销售员向客户销售一台价格昂贵的电视，客户认为太贵了，这时候销售员需要做的就是淡化客户的这种印象。于是，销售员开始运用自己高超的数字技术，他先假设这台电视能够使用 10 年，然后把客户认为贵了的 1000 多元分摊到每年、每月、每天、每次，最后得出的数据为每次多花不到 3 毛钱，这大大淡化了客户"太贵了"的印象，最后成功地售出了这台昂贵的家电。

　　价格异议是任何一个销售员都遇到过的情形。比如"太贵了""我还是想买便宜点的""我还是等价格下降时再买这种产品吧"等。对于这类反对意见，如果你不想降低价格的话，你就必须向对方证明，你的产品的价格是合理的，是产品价值的正确反映，使对方觉得你的产品物有所值。在销售中，运用数字技巧可以化解客户类似的价格异议，这个案例就是其中的典型代表。

　　可见，销售员在与客户的沟通中，如果能够在回答潜在客户的问题时自然地采用数字技巧，那么成交也就不是难事了。

积极拒绝客户的不合理要求

为自己争取最大的利益，这是客户在选购产品时坚持的原则。因此，客户在准备付款购买之前往往喜欢讨价还价，甚至在争取打折和赠品上得寸进尺。销售员没有必要直截了当地拒绝、表达愤怒或抱怨。因为这样做不但会令客户不满而失掉到手的生意，而且还会影响卖场和品牌的声誉。对此，销售员应学会积极地拒绝客户。所谓积极拒绝，一方面要给客户面子，另一方面要引导客户走向正确的销售轨道，朝着成交的方向前进。

客户要求将赠品直接抵现金，属于不合理的要求或销售员无法承诺的事情，销售员在应对时应充分发挥沟通的技巧，换位思考理解客户的心情，先向客户诚恳地表示尊重和理解，然后耐心解释赠品与产品定价之间的关系，并强调赠品的价值。总之，销售员要耐心坦诚地做好解释和说服工作，这样既不会伤害客户的自尊心和感情，又能得到其谅解和同情。例如以下两个案例：

销售员："先生，我能理解您的心情！如果能够将赠品抵成现金当然更实惠。只是我们的赠品是在商品正常的价格基础上额外服务客户的，就当作是您来我们这儿买东西，公司额外赠送给您的礼物。因此赠品与我们的产品价格没有关系，所以确实没办法抵现金。这一点还请您多多谅解！其实我们的赠品是公司专门为您精心挑选的，绝对实用而且价值都挺高的。您看这些赠品在我们的专柜上都有销售，而且都是明码标价的正品！很多客户也都很喜欢，而且又很实用，您平时可以……"（向客户解释赠品与价格的关系，然后侧重强调赠品的优点与价值。)

销售员："这一点真的抱歉。其实大家买东西都希望更便宜一点，只是赠品确实是拿来赠送给客户的。昨天有个客户也跟我提到这件事，不过后来还是接受了我们的赠品服务。毕竟您最关注的还是在购买的东西上，像您购买的××……（加上优点）赠品其实只是起到锦上添花的作用，最主要的还是××特别适合您。"（以举例的方式向客户解释两者关系，然后侧重强调所购买商品的优点。）

分析原因，应对客户以竞品为参照的打折要求

由于采购渠道及营销策略不同，同一品牌、同一型号的产品在不同的卖场的价格会存在差异。因此，客户在选购产品时为求实惠还是会跟商家讨价还价。为了满足客户的这种占便宜的心理，家电卖场常常以打折促销的名义吸引人气，使得客户认为打折已经是常态，对于不能打折的情况反而产生抱怨。

对于客户"为什么你们不打折"的质疑，看似无从回答，但只要换一下看问题的角度，就会发现这个不好处理的问题却可以变成销售员说服客户立即购买的理由。首先，销售员千万不要急躁，更不要与客户争辩，而是要冷静下来去理解客户的心情，安抚客户的情绪，然后详细解释不打折销售可以带给客户哪些好处，用事实证明不打折的策略的正确性，让客户心服口服。例如：

销售员："先生，我明白您的意思！目前家电卖场的竞争确实比较激烈，很多品牌为了争夺市场份额，往往以打折来吸引消费者的眼球。但是，您也应该看到，他们打折幅度较大的商品往往都是那些定价过高、利润比较丰厚的高端产品。而像我们这样品质过硬、价格实惠的产品，打折幅度很小，打折后的价格也跟我们的差不多，对不对？所以一直以来我们品牌都坚持以质取胜、合理定价，希望能以实实在在的定价对每一个客户负责，保证每个客户在任何时候都可以放心选购我们的产品。（首先告诉客户不同公司采取的不同折扣只是一种市场策略，然后向客户说明自己公司价格

策略的优点，并顺势引导客户回答今天来店目的，将问题的焦点转移。）

销售员："先生，您说得对！现在很多地方都在打折，但是如果在价格打折的同时，产品质量和售后服务也打折的话，就有点得不偿失了，对不对？上个月，客户刘女士在我们隔壁店购买了一台打折的国产品牌洗衣机，本以为省了几百元捡了个大便宜，没想到这台新买的洗衣机是商场积压了很久的产品，一些主要零配件已经出现了问题。刘女士买回家洗衣服时才发现洗衣机无法正常运转，便立即找到卖场要求退货，经过多次交涉才把事情摆平。后来她来买了我们的洗衣机，说以后再也不敢买打折的家电了，还是选择质量好、有信誉的品牌更放心。您说呢？"（用案例说服法）

销售员："先生，价格的问题您不必担心，我保证我们的价格是优惠的。一方面我们是薄利多销，另一方面我们也希望您在购买之后能介绍更多的朋友。现在市场竞争很激烈，价格也比较透明，所以很需要老客户给我们介绍客源。如果您看好了的话，我给您开票，希望您能多带几个朋友过来。以后有什么问题都可以打电话给我，这是我的名片，希望和您交个朋友。"（当客户对价格产生疑虑时，销售员可以先向客户阐述价格的合理性，然后通过请求客户介绍客源等方式保持客户的兴趣，让沟通继续下去。同时，暗示目前价格可以商谈。这种销售手段之所以会行之有效，一方面是因为能让客户感到是在公道、透明的环境下进行交易；另一方面是客户感到这不仅是一次消费，还认识了一个朋友。）

客户的提问就是销售员的机会，销售员可使用以下几个技巧解释不打折的原因：

（1）质量好、定价实在的产品利润空间小。

（2）知名品牌的产品因知名度和信誉度高，消费者购买有保障。

（3）不打折可以保证每个客户在任何时候都可以放心选购。

（4）一般只有定价过高、库存量太大或存在质量问题的产品才打折。

满足老客户的归属感

零售门店销售永远做的是未来，今天把东西卖出去并不重要，我们的最终目的应该是把东西及客户对我们的信任一起卖出去，让客户成为我们的长期支持者，建立自己的老客户群，并且利用老客户的再介绍给我们带来更多的新客户。所以老客户是我们最好的客户，他们在店铺的新品购买、品牌传播、市场竞争等方面都可以给店铺带来更多的支持。零售门店销售一定要充分利用老客户资源。可以这么说，老客户在门店购买中占的比例有多大直接反映了该店铺的竞争力水平。

马斯洛的需求层次理论告诉我们，人都有自尊的心理需求，希望自己得到别人的尊重。客户也是一样的，尤其是经常来光顾门店的老客户都希望自己被销售员认为是店铺最重要的人。其实无论客户是不是老客户，有没有在店里买过东西，只要对方以老客户的名义来跟与销售员议价，就说明这类客户是抱有很大的购买诚意的。如果销售员能够热情接待，让客户感受到尊重、有面子，客户就真的会感觉自以为尊，那么成交的可能性会极大，并且他们以后在商品的价格变更、新品购买及商品投诉等问题的处理上会变得相当配合。这对于店铺做好客户服务，保持一个良好的客户关系非常有指导意义。此外，老客户的重复购买能给卖场带来最大的获利，他们良好的口碑传播还能带来源源不断的新客源。因此，聪明的销售员都明白：千万不能伤害老客户，否则我们失去的不只是眼前的一个单子，而可能是这个客户一辈子的生意。

所以，对于老客户试探性的议价要求，销售员首先要对客户的一贯支持表示感谢，然后重申产品的定价实在，确实没有降价的空间，请求老客户的谅解。销售员要说明虽然价格上不能提供优惠，但可以以积分计划、持会员卡打折、返券等方式让老客户获得优惠或礼品。这样老客户才会不断地回头光顾。其实老客户议价只是寻求心理上的平衡而已，他们看重的实际上是自己作为"老"客户而应享有的归属感、成就感。

销售员："王小姐，我知道您确实经常光顾我们店，真的很谢谢您长期以来对我工作的支持！但确实非常抱歉，我现在即使想也无法给您低价，这一点请您一定要包涵，因为在价格上我公司采用的是实实在在的统一定价。不过请您放心，我公司最近在搞老客户积分活动，我现在就将您的积分累计进入您的个人账号，这样您每次积分累计到一定金额就可以享受到我们的优惠方案！王小姐，请问您的手机号是……"

首先真诚感谢客户长期以来对自己店铺的支持并诚恳地告诉客户公司的价格政策，以获得客户的理解。该模板最巧妙的是销售员非常自然地将客户的问题引导到积分累计活动上，因为这样做一方面给了客户一个解答，另外可促成客户立即成交，真是一箭双雕！

客户购买东西多基于感觉，要让客户感觉自己是店里最重要的人。以下是一些留住老客户的优惠措施：

（1）积分计划：积分累计到不同的数额时可以赠送不同的礼品。

（2）贵宾卡：消费达到规定数额可以获得贵宾卡，享受9.5折的优惠。

（3）免收少额零钱：即免收零售价个位数额的零钱。

（4）提供附加服务：专车配送、送装一步到位、免息分期付款等。

报价：实力较量的漩涡

如果将价格谈判放到实力较量的范畴内来研究，那么价格的高低，报价的习惯，可调整的幅度、次数和速度，都可以看作是谈判者实力的体现。

报价，不仅仅是价格方面的要求，更是谈判双方在洽谈项目中的利益要求，即想达到的目的。谈判双方在经过摸底，明确了交易的具体内容和范围之后，提出各自的交易条件，表明自己的立场和利益。

谈判双方通过报价来表明自己的立场和利益要求。但是，任何一方在阐述自己要求的时候，都不会把自己的底价透露给对方，而总是要打个"埋伏"，给自己留下讨论协商、讨价还价的空间。要么以优于底价的条件成交，超过既定目标完成谈判；要么以略高于底价的条件成交，完成谈判的既定目标。正因为双方都有这种考虑，所以，在报价的时候，一定要极其谨慎。

报价的方式可以是"横向铺开"，也可以是"纵向展开"。所谓"横向铺开"，就是对自己的立场观点不做深入的讨论，而是把自己的利益要求做一个全面完整的陈述，求全而非深。"纵向展开"，就是对所要讨论的各个问题，逐个展开协商，深入下去，谈完一个再谈另一个。

报价的内容包括：我方认为这次洽谈应该包括的问题；双方的利益要求；我方可以让步的方面。当然，这种开诚布公的报价，只是在互相比较熟悉的老对手之间才可以采用。和陌生不了解的洽谈对手进行谈判，则不能这样报价，也不可能得到对方这样的明确报价；这时候，就要采取旁敲侧击的方法，尽量明确对方的报价。

在报价阶段，各方只是阐述自己的利益要求，所以听的一方为了达到目的，一定要认真听取报价，尽量全面完整地理解对方的报价，抓住对方的主要利益要求和次要方面，以便将来跟对方压价。

对自己利益的陈述和表达要注意方式和语气。因为报价的目的，是为了表明立场和态度，而不是挑战，所以要注意以和为贵。一方陈述完毕，另一方才可以陈述自己的立场和观点，为了调节气氛，也可以先讲一下双方已经达成一致意见的方面。

在报价的过程中还应该注意一个随机应变、留有余地的原则。

由于报价事关整个交易的各项条件，所以在一般情况下，报价不会是一成不变的，所以谈判人员在报价时，不要把条件说得过于坚决，给对方一个"只此一条，别无选择"的印象。如果在报价时保留一个比较宽松的余地，那么在后来的谈判中，当对方向你提出了某种可以使你满足的要求时，你就有了进一步讨价还价的空间。这种策略也是商务谈判人员经常使用的策略。

留有余地的策略，在西欧式的报价方法中体现得较为明显。

西欧式的报价方法与我们前面所介绍的报价方法是一致的。一般的做法是，谈判人员在报价时，首先提出一个留有较大余地的价格条件，其后再根据买卖双方的实力对比和外部竞争状况，通过其他方法来争取买方，如给予数量折扣、价格折扣、佣金和支付条件上的优惠等，稳住买方，使双方的差距逐步缩小，最终达成成交的目的。由于有时报价方所留余地是非常大的，所以即使做了有限的让步也是在余地之中，不但不会吃亏，而且往往会有一个不错的结果。

这一策略是和一般买方的心理相适应的，因为对于一般人来说总是习惯于价格由高到低，逐步下降，而不是由低到高。

谈判人员在报价时保留余地，同样应注意商务谈判中语言运用的一般规则，即应当态度诚恳、观点明确、简明易懂。

关于先报价，后报价之利弊，很多人认为最好后报价，这样不容易被人"摸底"，其实不然，先报价有弊也有利。

先报价的有利之处在于：一方面，先报价对谈判的影响较大，它实际上等于为谈判划定了一个框架或基准线，最终协议将在这个范围内达成。比如，卖方报价某种计算机每台1000美元，那么经过双方磋商之后，最终成交价格一定不会超过1000美元这个上限。另一方面，先报价如果出乎对方的预料和设想，往往会打乱对方的原有部署，甚至动摇对方原来的期望值，使其失去信心。比如，卖方首先报价，某货物1000美元一吨，而买方心里却只能承受400美元一吨，这与卖方报价相差甚远，即使经过进一步磋商也很难达成协议，因此，只好改变原来部署，要么提价，要么告吹。总之，先报价在整个谈判中都会持续地起作用，因此，先报价比后报价的影响要大得多。

先报价的弊在于：一方面，对方听了我方的报价后，可以对他们自己原有的想法进行最后的调整。由于我方的先报价，对方对我方的交易条件的起点有所了解，他们就可以修改原先准备的报价，获得本来得不到的好处。正如上边所举例子，卖方报价每台计算机1000美元，而买方原来准备的报价可能为1100美元一台。这种情况下，很显然，在卖方报价以后，买方马上就会修改其原来准备的报价条件，于是其报价肯定会低于1000美元。那么对于买方来讲，后报价至少可以使他获得100美元的好处。

如果本方的谈判实力强于对方，或者说与对方相比，在谈判中处于相对有利的地位，那么本方先报价就是有利的。尤其是在对方对本次交易的行情不太熟悉的情况下，先报价的利更大。因为这样可为谈判先划定一个基准线，同时，由于本方了解行情，还会适当掌握成交的条件，对本方无疑是利大于弊。

总之，报价要注意几个原则：不激进、不保守，保持坚定、明确、果断，不要给对方留有把柄。

第十章

突出卖点，完美赢得客户的青睐

对自己的产品充满信心

销售员给客户销售的是本公司的产品或服务，那么你应该明白产品或服务就是把你与客户联系在一起的纽带。你要让客户购买你所销售的产品，首先你应该对自己的产品充满信心，否则就不能发现产品的优点，在销售时就不能理直气壮；当客户对这些产品提出意见时，就不能找出充分的理由说服客户，也就很难打动客户的心。这样一来，整个销售活动就难免成为一句空话了。

你应该熟悉和喜欢所销售的产品，从而培养你对产品的信心。

如果你对所销售的产品并不十分熟悉，只了解一些表面的浅显的情况，缺乏深入的、广泛的了解，就会影响到你对销售产品的信心。在销售过程中，客户多提几个问题，就把你"问"住了，许多客户往往因为得不到满意的回答而打消了购买的念头，结果因对产品解释不清或宣传不力而影响了销售业绩。更严重的问题是，时间一长，不少销售员会有意无意地把影响业绩的原因归罪于产品本身，从而对所销售的产品渐渐失去信心。心理学认为，人在自我知觉时，有一种无意识的自我防御机制，会处处为自己辩解。因此，为消除自我意识在日常销售中的负面影响，对本企业产品建立起充分的信心，销售员应充分了解产品的情况，掌握丰富的产品知识。如产品类型、规格、性能、技术指标、质量水准、生产工艺、使用方法、老客户的使用情况，本企业产品竞争优势、竞品的价格情况和产品发展前景，本企业产品与社会文化传统和地域消费习惯的关系以及本企业产品的不足或有待改进的方面等。只有当你全面地掌握了所销售产品的情况和知识，才能对说服客户增加把握、增强自信心。

例如，现代高档家用电器的功能越来越多样化，结构也越来越复杂化，因此对店面销售员也提出了越来越高的要求。客户往往要向销售员或营业员问清楚后才决定是否购买，而许多客户因询问被诸如"不知道""请看说明书""请向厂家了解"挡回来之后，只好扫兴离去。客户的购买决策，常常取决于销售员对产品信心的坚定程度，而当销售员对本企业产品深信不疑时，在产品性能优良的前提下，客户的购买决策则取决于销售员对产品知识的把握程度。某微波炉厂门市部的一位销售员，将产品知识和自己在大学学习的机电知识结合起来，在向客户介绍产品情况时，把微波炉的内部结构、技术性能和使用时的注意事项等说得明明白白，客户听得心服口服，迅速做出了购买决定。

在熟知产品情况的基础上，你还需喜爱自己所销售的产品。喜爱是一种积极的心理倾向和态度倾向，能够激发人的热情，让人发起积极的行动，有利于增强人们对所喜爱事物的信心。销售员要喜爱产品，就应逐步培养对产品的兴趣。

但出于职业要求和实现销售目标的需要，销售员应当自觉地、有意识地逐步培养自己对产品的兴趣，力求对所销售的产品做到喜爱和相信。

提炼卖点，你的产品是独一无二的

从销售的角度来说，没有卖不出去的产品，只有卖不出去产品的人。因为聪明的销售员总可以找到一个与众不同的卖点将产品卖出去。产品卖点是指产品销售的独特主张，即产品具备的别出心裁或与众不同的特色、特点，也就是客户购买该产品能够得到的具体利益点。独特卖点可以与产品本身有关，有时候，也可以与产品无关。独特卖点与产品有关时，可以是产品的独特功效、质量、服务、价格、包装等；当与产品无关时，这时销售的就是一种感觉、一种信任。

提炼一个好的产品卖点，可以引起消费者的强烈共鸣，并激发他们对产品的关注和好感。销售员跟客户推介产品的卖点时，一定要结合客户的实际需求和喜好，用客户喜闻乐见的语言表达出来，在销售过程中灵活运用语言，把"要客户知道"转化成"客户要知道"。

销售员提炼产品卖点可以从产品自身的特色出发，以产品的外观、参数、性能、功能等为提炼平台，综合各品牌的产品卖点，从中寻找自身独有的市场靓点。卖点提炼主次要分明，主要卖点最多不要超过三个。卖点要简明，且通俗易懂，销售员应该自己先吃透产品卖点，然后将其转化为客户能够理解的口语化的文字。

销售员："我们这款空调很受欢迎。它的主要卖点就一个字——静！目前空调行业大部分品牌空调的噪音值都在 26 至 32 分贝之间，而舒适的睡眠环境需要 25 分贝以下的听觉感受。我们这款产品运行的噪音可低至 22

分贝，相当于人的呼吸声，远低于国家相关部门出台的《城市区域噪音污染规定》所标示的 35 分贝噪音值底线。所以这款超静音的睡眠空调一定能有效提高您和家人的睡眠质量……"

销售员："我们这款豆浆机主要有两大卖点：精研磨，重口味！这款产品采用了'五谷精磨系统'和'文火熬煮技术'！'五谷精磨系统'是由五谷精磨器和 X 型强力旋风刀组成，利用'碰撞研磨'的粉碎原理进行打浆，大大提高了粉碎效果，充分释放五谷杂粮的营养精华。再加上'文火熬煮技术'智能煮浆程序，让五谷豆浆得到充分乳化，做出的豆浆营养更丰富，口感更香浓，更利于人体吸收。您尝一下，这就是这款机子磨出来的豆浆！"

一般而言，提炼产品卖点有以下方法：

（1）从产品外观上提炼：从设计的风格、形状、款式、色调、材质、新技术等方面入手。

（2）从产品功能上提炼：不同于其他品牌的功能卖点。

（3）从产品参数上提炼：注意把技术参数与消费者的心理利益点结合起来，销售员的讲解词要通俗易懂，富有感染力，能让消费者产生共鸣。

只要善于发现，每一种产品都会有它独特的卖点。客户通常只会对独特卖点感兴趣。发现客户对某一个独特的卖点感兴趣时，销售员应及时强调产品的独特卖点，把客户的思维始终控制在独特的卖点上，促使其最后做出购买的决策。

一次示范胜过一千句话

我们常看见有的餐厅前设置着菜肴的展示橱窗；服饰的销售门店里衣裙洋装等也务必穿在人体模型身上；建筑公司陈列着样品屋，正在别墅区建房子的公司，为了达到促销的目标，常招待大家到现场参观……在销售中，一次示范胜过一千句话。口说无凭，如果放弃使用销售用具（说明书、样品、示范用具等），就很难有成功的希望。

在销售中常用的示范方法是：

1. 体验示范法

你在销售产品的过程中，仅仅向客户介绍产品的外观形态是不够的，还应该向客户示范怎样使用产品，产品有哪些实际功能和特点。在条件允许的情况下，可以让客户亲自做体验，这样要比销售员单独做示范更能引起客户的兴趣。

有一位陈先生，曾在一家汽车修理厂工作，同时也是一位极活跃的销售员，不管新车还是旧车，总是自己开着去拜访想买的客户。

"这部车子，我正要将它送到买主那里，张先生，您也可以顺便看一看。我想把它有缺点的地方修理好了再送去，只要张先生这样有经验的人说一声'好'，我就可以更放心了。"

他一边说着就一边和张先生一起驾驶这辆车子，开了一两公里路，陈先生征求客户的意见："张先生，怎么样？您有没有什么指教？"

"有的！我觉得方向盘好像松了一点。"

"好！您真是高明！我也注意到这个部分有问题，还有没有其他意见？"

"引擎很不错，离合器也很好。"

"好！好！您的确是很有经验，佩服！佩服！"

"陈先生，这辆车子要卖多少，我不是想买，问问价钱，我只是打听打听行情。"

"这样的车子，您一定晓得值多少，您出多少钱？"

假定这时生意还是没谈成的话，可以一边试车一边再商量，最后必可做成这笔生意，尤其是销售旧车子，有100%的成功几率。

这些为销售而产生的方法，并不限于销售汽车，要销售别的产品也是同样的道理。比如，你是经营原料生产机器的，就可以提供一部分试用机器，请客户亲身体验一番；销售食品的，可以让客户先品尝一下；销售药品的，不妨把试验统计结果告诉客户……这些都不失为销售产品的好办法。

2．表演示范法

为了增强示范的表现能力，你还应该学会一定的表演技巧，以使你的示范动作增添戏剧性。

比如，一般销售干洗剂的销售员会携带一块脏布，当着客户的面将干洗剂喷涂在上面。当你一改惯常做法，先将穿在自己身上的衣服袖子弄脏一小块，然后脱下来当场洗净，一边做一边讲演，真实的表演更能使人不得不相信干洗剂的去污功能，这样的示范效果一定要好于前者。对于商品的特殊性质，销售员新奇的动作往往会将它们表现得淋漓尽致。比如钢化玻璃，你尽管大胆地将它们扔在地上，当然你若带着铁锤和不同质地的玻璃给客户示范，效果一定会更好。

那么，示范具有哪些功能呢？

第一，它能够运用动作的刺激，使注意倾向优先地发生，集中于销售的产品，防止注意力的转移和分散；

第二，由于示范刺激是一种视觉刺激，视觉比其他知觉印象强烈，所以，示范具有更明显的印象效果；

第三，示范更具体，比其他刺激更容易为人们所理解，因而也更容易在短时间内奏效。

在示范过程中，销售员一定要做到动作熟练、自然，给客户留下利落、能干的印象，同时也会让客户对自己驾驭的产品产生信心。销售员做示范时一定要注意对产品不时流露出爱惜的感情，谨慎而细心地触摸会使客户在无形中感受到产品的尊贵与价值，切不可野蛮操作。

在整个示范过程中，销售员要心境平和，从容不迫。尤其在遇到示范出现意外时，不要急躁，更不要拼命去解释，这样容易给客户造成强词夺理的印象。

一旦出现问题，不妨表现得幽默一点，让客户了解这只是个意外罢了，同时再来一次示范就可以了。例如，当你销售钢化玻璃时，你的示范动作是举起铁锤砸玻璃，当然，你要证实的就是玻璃应该安然无恙。可是，当你向客户介绍了这种玻璃的各项指数，并开始示范时，玻璃却碎了。这时，你一定不要面露惊慌之色，可以平静地告诉客户："像这样的玻璃，我们是绝对不会卖给您的。"随后再示范一次。这样就会化险为夷，也许还会增强客户对你的产品的印象。

告诉客户你将带给他的利益

说服客户购买最好的办法，就是使客户意识到购买了你所销售的产品以后，将会得到很大的利益，使客户感到他需要这种产品，并且迫切地需要购买，这是一种冒最小的风险、取得最大利益的活动，因此，销售员必须致力于谈论利益。

张先生打算买一张办公椅，在家具店里看到一贵一贱两张椅子，不知如何挑选。

店员看张先生试坐两张椅子后，告诉张先生："4500 元的这张椅子坐起来较软，觉得很舒服，反而 6000 元的椅子你坐起来觉得不是那么软，因为椅子内的弹簧数不一样，6000 元的椅子由于弹簧数较多，绝对不会因变形而影响到坐姿。不良的坐姿会让人的脊柱侧弯，很多人的腰痛就是因为长期保持不良的坐姿而引起的，光是多出的弹簧成本就要将近 600 元。同时，这张椅子旋转的支架是纯钢的，它比一般非纯钢的椅子寿命要长一倍，不会因为过重的体重或长期的旋转而磨损、松脱，这一部分坏了，椅子就报销了，因此，这张椅子的平均使用年限要比那张多一倍。你这张坐一张，那张要坐两张，纯钢和非纯钢的材料价格会差到 1000 元。另外，这张椅子，看起来不如那张那么豪华，但它完全是依人体工学设计的，坐起来虽然不是软绵绵的，但却能让你坐很长的时间都不会感到疲倦。一张好的椅子对经年累月坐在椅子上办公的人来说，实在是非常重要的。这张椅子虽然不是那么显眼，但却是一张用心设计的椅子。老实说，那张 4500 元的椅子中看不中用，是卖给那些喜欢便宜的客人的。"张先生听了这位店员的说明后，心里想到：还好，只贵了1500元，为了保护我的脊柱，就是贵3000元我也会购买这张较贵的椅子。

这名店员的销售之所以成功，在于他抓住了以下几点：

首先，找出更多客户认同的利益。找出客户认同的利益愈多，产品价值提升了，客户就愈能接受你的价格。例如上例中，椅子能防止脊柱侧弯，符合人体工学的设计，坐久不会疲倦，纯钢的支架比一般的耐用一倍，等等。只有利益累积的数量和价格一致时，客户才愿意支付你要求的价格。

其次，把成本细分化。如上面的例子，多花1500元购买一把较好的椅子，至少可坐三年，事实上每天只要多付不到一元五角钱。换一种算法是：6000元的椅子由于材料较好，寿命较长，你把6000元除以能使用天数后，往往发现比便宜不耐用的椅子还要经济实惠，这就是所谓的"成本细分化"。

成本细分化后，能把客户的注意力从庞大的总数转到细分化后的金额，能让客户更客观地衡量他能得到的。

另外，销售员还要强调能够带给客户额外的利益。客户都希望购买产品后，能得到产品本身以外的附加价值，也就是额外的利益。那么，当你销售产品时，可以从节省费用、会员优待、免费维修等方面思考产品的额外效益。

销售员抓住客户追求利益的心理，利用所销售的产品或服务能给客户带来的利益、实惠、好处引起客户的注意和兴趣，从现代销售原理来讲，这是一种最有效、最有力的促使客户购买的方法。因为它不仅符合客户求利的心理，而且符合商业交易互利互惠的基本原则。个人消费者总是希望同等的货币能够获取更多的使用价值，工商企业的购买者则是希望能使本企业降低成本、提高效益、增加利润或得到其他利益，因此，物美价廉是客户普遍追求的一个目标，也是各类消费者维护和争取自身利益的一个重要手段。

销售员直接陈述客户购买产品所能获得的利益，既避免了一些客户掩饰其求利的心理而不愿主动询问产品所能提供利益的障碍，帮助客户正确认识产品，增强购买信心，又突出了产品的销售重点。在介绍产品能带给客户利益时，要注意两点：

一是对产品利益的陈述要能打动客户的求利心理，但必须实事求是，不可夸大其词。否则，就会失去客户的信任感，或导致销售本身没有实际效益。在介绍产品前，销售员要科学地测算出产品的实际效益，并且要留有一定的余地。同时，最好能出示财务分析资料、技术性能鉴定书、用户证明等资料予以印证。

二是产品利益要具有可比性。销售员可以通过对产品供求信息的分析，使客户相信购买该产品所能产生的实际效益。这样，客户才能放心购买这种产品。

你销售的是产品，而不是抽象的代码

客　户："你介绍的新技术是怎么回事？"

销售员："就是我们的 CST！如果想试试别的材质的，那就需要我们的 FDX 了，也可以为每一个 FDX 配上两上 NCO。"

客　户（稍稍按捺了一下心中的怒火）："小伙子，我要买的是家电，不是字母！"

销售员："噢，我说的都是我们产品的序号。"

客　户："我想我还是再找别家问问吧。"

向客户尤其是非专业的客户介绍产品时，不要卖弄那些让人搞不明白的专业术语，而要用客户听得懂的语言向客户进行介绍。

案例中的客户不明白销售员介绍的新技术是怎么回事，是由于销售员对于新技术的描述过于专业，使用了过多难懂的名词术语；或者是销售员为了卖弄技术而讲技术，没有把介绍重点从新技术自然地转移到新技术带给客户的好处与利益上。销售员在介绍新技术时，一定要与客户的利益相结合，要使用通俗易懂的语言，让客户明白新技术到底有什么用途，能给自己带来哪些好处，这样才能有效激发客户的购买兴趣。

用客户听得懂的语言向客户介绍产品，这是最简单的常识，尤其面对非专业的客户，销售员一定不要过多使用专业术语。有一条基本原则对所有想吸引客户的人都适用，那就是如果信息的接受者不能理解该信息的内容，这个信息便产生不了预期的效果。销售员对产品和交易条件的介绍必须简单明了，表达方式必须直截了当。语言不明白，表达不清楚，就可能产生沟通障碍。

一些产品的新技术不在于技术本身的巧妙，而在于能够给消费者带来利益，改善消费者体验。所以评价产品新技术的标准，往往不是其科技含量，而是它所挖掘的新需求和带来的新体验。销售员在解释产品的新技术时，如果能够与通俗易懂的概念相配合，就可以让客户比较快地理解和接受。

销售员："这款数码相机采用了国际领先的模糊控制技术（简要说明技术的名称），就像猎犬追踪猎物一样（举生活中浅显易懂的例子类比），自动捕捉人的脸部成像，从而突出人像，特别是脸部十分清晰，让您留住快乐时光……"

销售员："这款热水器使用了逆卡诺热泵节能技术。正常情况下水是往低处流，水泵可以将水抽往高处（举例类比）；同样的道理，逆卡诺热泵节能技术通过压缩、蒸发等热力循环过程（简要说明工作原理），将空气中大量免费的热量转移到生活用水中，让水不烧而热，从而达到大幅度节能省电的效果。"

销售员："这款空调采用了超静音技术，从空调内部心脏——低噪音压缩机着手进行降噪（抓住该项技术的核心要点介绍），就好比给老年人换上了一颗年轻的心脏，呼吸自然不用那么吃力、大声了；另外采用计算机仿真技术进行风道设计（双管齐下，再次说明超静音的原因），完全模拟自然风的流向，使风道和风向自然吻合，把由于风速而引起的噪音降到最低限度。"

在向客户介绍产品时，销售员必须做到简洁、准确、流畅、生动，切不可卖弄专业术语。要记住：你销售的是产品，而不是那些抽象的代码！

第十一章

因人而异，不同类型客户的沟通技巧

理智型客户：肯定他们的观点

客户张先生前一天就到商场咨询了两款变频空调的情况，销售员小刘接待了他，并讲解了很多情况，但是最后张先生并没有购买，只是说"我再回家考虑考虑"就把小刘打发了。第二天，张先生再次来到这家商场。

小刘："张先生，您好！昨天您走后我和产品安装部的同事为一位客户安装了 A 款变频空调，已经正常运行了，他们家的居住面积也是 85 平方米，和你家差不多大呢！"（引出与自己销售业务有关的话题）

张先生："不瞒老弟说，我家早就想购买 A 款的变频空调了，可是后来在我同事家发现，他家的也是 A 款的变频空调，但是效果却没见多好。"（客户主动提出对这件事的想法，正中下怀）

小刘："张先生您说的对，买空调就要买合适的，空调是大件的耐用家电产品，购买就得谨慎，大把的银子花出去，一定得见到满意的效果才行。张先生，不知道您研究了没有，A 款变频空调为什么在他家不好用？"

张先生："A 款变频空调也好，B 款变频空调也罢，都只是一个让生活更舒适的工具，如果这个工具放在不合适的场合，不适合自己家使用，是达不到预期效果的，同事家有160平米大，房子太大了，空调功率太小了。"（了解到客户的问题）

小刘："精辟极了！其实就是这样，合适的家电放在合适的应用环境中就是成功，小空调放在大房子里不够用，大空调放在小房子里明显浪费，当然，这台 A 款的变频空调正适合 90 平米左右的房间，放在你家，全家的生活肯定会更加惬意的，您说对不对？"（再一次强调 A 变频空调的好处，

为下面的销售做基础）

张先生："对，但是 A 款变频空调的价格有一些贵。"

小刘："哦！张先生您不用担心，这是海尔公司最新款的产品，价格比较实在了，此外，您也可以使用分期付款的方式，海尔公司和银行合作，推出 12 期免息分期付款优惠呢！"（提出解决客户价格忧虑的方案）

张先生："嗯！不错，有分期付款就好了，我最近半年经济比较紧张，孩子刚结完婚，好吧，我们协商分期付款的事情吧！"

作为销售员的小刘，已经知道张先生思考缜密，比较理性，虽然再次见到张先生后还是继续推荐 A 款变频空调，但是小刘从获得满意效果这一令对方关心的话题开始谈起，一开始就吸引了张先生的注意力。在谈话过程中，小刘不断地对张先生的见解表示肯定和赞扬，认同他的感受，从心理上赢得了客户的好感。此外，小刘也为张先生的资金问题出了很好的主意，谈话进行到这里，我们可以肯定地说小刘已经拿到了通行证，这张订单已经收入囊中。

理性的客户逻辑性强，好奇心重，遇事喜欢刨根问底，还愿意表达出自己的看法。作为一名卖场的销售员就要善于利用这些特点，在销售过程中多同意他们的观点。因为在谈话时，即使是他的一个小小的优点，如果能得到肯定，客户的内心也会很高兴的，对肯定他的人产生好感。因此，在谈话中，一定要用心地去找对方的优点，并加以积极地肯定和赞美，这是获得对方好感的一大绝招，此外，在介绍产品时，应该本着实事求是的态度，因为大部分理性思考型的客户在购买产品前，都会做一个很详细的市场产品调查，他们对将要购买的产品比较了解，因此你的产品介绍不能和他们的认知有太大的出入。

应对理性思考型的客户，要善于运用这种客户的逻辑性与判断力强这两项优点，不断肯定他们的观点，从而促进产品成交。

果断型客户：用诱导法将其说服

邢先生是一位退役军人。他具备典型的军人气质，说一不二，刚正而固执，做什么事都方方正正，干干脆脆。这天，他来到××家电卖场为年过六旬的母亲买一台电冰箱。销售员李明接待了他。

销售员李明："先生您好！欢迎光临××家电商城，您打算购买什么样的冰箱？是您自己用，还是为亲人购买？"

邢先生（斩钉截铁）："你好！我为老母亲买一台最小型的电冰箱，价格低的就行，母亲生活比较节俭，不想让我乱花钱。"

李明："呵呵，您是一位孝子，可是，您不应该买一台便宜的小型冰箱。您应该买一台容积大一些的质量有保证的名牌产品。"

邢先生："哼！要是你能说出一套令我信服的理由，我就买。"

李明："母亲生活很节俭，那么如果儿女们逢年过节去母亲家聚餐后，肯定会有一些剩菜剩饭，但是节俭的母亲肯定不舍得扔，即使她们现在有很多闲置的钱，也会继续保持节俭的好习惯。我妈妈就是这样，每次我们吃剩的饭菜，我都建议倒掉，但是她就是放起来，留作下一次用。节俭的母亲在碰到水果蔬菜大减价的时候肯定会买很多，有时候我们这些做子女的都想不通，她们宁肯为了省几块钱而多买好几斤西红柿什么的。如果您为母亲买一个台中型的电冰箱，就可以解决这些问题啦。再说，有一台大冰箱的话，新鲜水果蔬菜的位置安排也比较容易。母亲在这个世上的时间肯定比我们这些做子女的短，人生苦短，及时行孝才对，买一件好产品让父母用得贴心，就是孝心的一种表现。"

（邢先生沉默，以示认同）

李明（平静的口吻）：“此外，价格便宜的二三线品牌的电冰箱，质量不如一线品牌可靠，尤其是在用电安全上，一线品牌比如海尔冰箱、新飞冰箱、美的冰箱、西门子冰箱等，不仅有着及时体贴的售后服务，其产品也是极其安全耐用。方便安全耐用的产品，可以明显减少用电隐患。”

（李明突然打住。邢先生默不作声，隔了一会儿）

邢先生：“嗯……小伙子你也很有孝心，说的不错！就凭你的真情实意，我就买一个家庭用的中型容量的海尔冰箱吧！”

邢先生是一位很果断的客户，销售员李明比较有经验，他并没有以产品的性能特点和技术参数作为切入点，而是动之以情、晓之以理来打动邢先生，从而促进销售工作的正常进行。

顾名思义，果断型的客户的办事风格是直接、果断，当你听到对方说“就这样吧，你再给我便宜50块钱，我们就成交”，毫无疑问，他一定属于果断型的客户。果断型客户有一个明显的特点，就是对任何事情都很有自信，凡事亲力亲为，不喜欢他人干涉。但是，如果他意识到做某件事是正确的，那他就会比较积极爽快地去做。

在讨价还价的过程中，不要试图与这种类型的客户闲聊来改善产品销售气氛，因为他们认为讨价还价应该直截了当，任何与这个内容无关的话题均为废话，简直就是在浪费时间，所以你要小心过多的寒暄与过分的热情，他们并不习惯这种方式。果断型的人不会在意对方的感觉，也不会顾及面子，只关心交易的进展。当购买产品过程中出现分歧时，他们会毫不犹豫地拒绝你，如果产品购买能够满足对方的需要，他们也会立即做出决定。

在产品销售中与果断型客户针锋相对显然是不明智的，那样只会把事情变得更糟。通常他们会在某个议题上争论不休，并且一定要分出胜负，价格是最常见的争议焦点，也许你的报价已经低于市场的平均价格，但他们绝不会就此罢手，还会努力地压低价格。当你遇到这样的局面时，建议在第一次报价时适当地调高价格，增加议价空间，在正式的讨价还价中做出多次让步，从结果上并没有损失，但你让对方认为他们赢得了这次产品议价。如果在每次交易后对方都有很好的感觉，那么他们就很容易下一次也从你这里购买产品。

在产品销售过程中，如果销售员遇到果断型的客户，就要善于运用诱导法将其说服。比如说，找出这种客户的弱点，然后再一步步诱导他转移到你的产品上来。

应对果断型客户，销售员要善于运用诱导法将其说服，报价可以稍微高一些，尽量不要说与这次销售无关的事情。

反复型客户：找准机会趁热打铁

销售员："女士，刚才那款空气清新器其实不错的，我也给您介绍了，不过你刚才准备购买的时候突然不喜欢那几种款式了，那就看看那这一款吧！这个颜色应该比较适合您啦！"

客　户："嗯！刚才那个空气清新器刚开始看着还可以，不过看了5分钟后突然感觉不好看了，你再给我推荐一个新的算了。"

销售员："嗯！其实这几款空气清新器都是大同小异，我是害怕太耽误您的时间，才没敢把所有的清新器型号都推荐一遍。"

客　户："对，这是肯定的。"

销售员："哦！我再推荐几款的话，不会耽误您的时间吧？"

客　户："还行吧！我12点之前能确定就行。"

销售员："嗯……您看这一款怎么样？这是另一个品牌的，设计理念就是款式新颖，造型别致，百看不厌。"

客　户："这个不好说，我看着还可以。"

销售员："就这一款吧！要不，您多买几个，一个放在客厅，一个放在卧室。"

客　户："嗯，我就买一个吧，就这个吧，你赶紧去下订单，免得我再看上其他的款式。"

销售员："您这边请。"

案例中的销售员已经为这位客户推荐了好几款空气清新器了，这位客户每次给人的印象都是很爽快地认为这款产品不错，但等到销售员催单的时候她却三番五次地反悔。在有些情况下，客户爽快地同意，只不过是进一步考虑怎么为自己脱身争取时间。销售员通过分析确认这位客户属反复型客户，于是便有了后半段的对话。

相信许多销售员在进行产品销售时，都会碰到这样一些客户。他们情绪化很强，答应好的事或者确定好的产品型号，过不了多久就又变卦了。那么，遇到这种反复无常型的客户，销售员怎么应对比较妥当呢？事实经验是：针对这种反复型客户，要做到趁热打铁，抓住机会就不放手。

对待反复型客户就应该像场景中的销售员一样，不给客户再拖的机会。另外，一些客户来卖场听销售员的介绍时并不准备仔细倾听或进行购买活动，甚至会攻击你，这时销售员仍然要保持积极的心态，不要过分在意客户的不礼貌，因为这是一名合格的销售员的修养与素质。

应对反复无常的客户时，销售员不能给客户再拖的机会，找到空隙就要趁热打铁，紧追不舍。

谨慎型客户：为客户讲故事

销售员："这位女士，非常感谢您选择我们的××牌吸尘器，为了更好地为您服务，请您填写以下个人信息，成为我们公司的会员吧！这样还可以延长一年吸尘器保修时间。"

客　户："哦！这倒不错。可是你们不会把我的个人信息泄露吧？上一次就有一个保险公司打电话给我，让我去参加抽奖活动，我根本不认识这家公司。我也不知道我的手机是不是被并机了。"

销售员："请放心，女士，你的资料我们公司是绝对保密的，这只是方便咱们更好地开展售后服务。此外一张手机SIM卡只有一个号码，手机不会被并机的，不过手机号码前七位是公开的号码段，有些公司会自己去组合一些号码进行拨打，甚至去盲打，只要能拨通就开始销售一些产品。"

客　户："可是有时候他们连我的姓名和家庭住址都知道哎！真不知道他们是怎么得到的。"

销售员："你平时有没有留过联系电话和姓氏、住址等给别人啊？"

客　户（想了想，犹豫地说）："嗯，似乎没有。"

销售员："女士，我之前也曾接到过保险公司打来的电话，向我销售保险，我一接电话他就称呼我的姓，我当时也觉得奇怪，我没有买过保险，也没有留过电话给他们，为什么他们会知道我的资料。后来和这个保险销售员熟了，他才告诉我，他是从网络上一些网民留下的联系方式查到的。"

客　户："原来是这样，那没有什么了，售后服务表单填好了，谢谢！"

案例中的客户行事很谨慎，也很多疑，面对工作人员让她填写售后服务表单，她心存疑虑，生怕公司泄露她的个人信息，并以保险公司打电话指名道姓地找她为例，来质疑公司的用户资料保密性，而工作人员为了打消客户的疑虑，并没有一味地强调公司的保密制度有多好，而是通过自己经历的一些事情来说明情况，从而让客户放心填写售后资料表单。

在销售过程中，销售员在强调公司优质服务的时候有许多种常规的方法，无非是展示我们的笑脸、态度、设备、技术等。但是，所有这些展示都停留在描述上，是抽象的。而讲故事传递的东西就多得多。人们对讲故事这种形式并没有特别的防范，他们会在故事中感知到销售员意图传递的信息，而感性地购买了产品。

很多时候，在面对挑剔、谨慎型客户的时候，销售员不要采用常规的方法一味地去正面解释公司的规章制度，而应该通过为客户讲述其他客户的故事、销售员自身的经历等，来向客户传递自己公司的优质服务理念和保密制度，让客户感受到自己的利益将会受到保护。

由于现代信息社会的信息安全面临诸多挑战，很多客户都对各种商场的客户信息保密制度持怀疑态度。作为销售员，如果只是强调所在公司是不会透露客户的私人资料，或只向客户保证不会这样做，这样的解释说服力不强，客户也会难以接受，适当地用一些有说服力的案例，会让客户更加心服。遇到类似的情况时，能适当应用平常生活中的实例去向客户解释，相信客户会更容易理解和接受，让客户深切地感受到自己的利益将会受到最大的保护。

难以满足型客户：不夸产品，避免争吵，多次沟通

销售员："先生您好！我是××手机商城的销售员小张，这是我们最新推出的人工智能手机，这款手机已经成了集人工智能、人脸识别和智能拍照、快速充电、距离感应、光线感应、数码变焦、自动对焦、防抖、美颜、连拍、微距、全景、滤镜、水印、美肤录像等增值服务于一体的新一代移动通信系统。"

客　户："我已经有了一个手机了，现在没必要换新的。"

销售员："先生，这款手机和此前的手机相比差别实在是太大了，因此越来越多的人开始称呼这类新的移动通信产品为"个人智能通信终端"。这款手机拥有 5.8 寸的触摸式显示屏，除了能完成高质量的日常通信外，还能进行多媒体通信。您可以在触摸显示屏上直接写字、绘图，并将其传送给另一台手机，而所需时间可能不到一秒。当然，也可以将这些信息传送给一台电脑，或从电脑中下载某些信息；您可以用它直接查看电子邮件或浏览网页；它还自带 2000 万像素的摄像头，这将使您可以利用手机进行电话会议，甚至使数码相机成为一种'多余'。其实我们这款手机非常适合您这样的商业精英……"

客　户："是我了解我的需要，还是你了解，你以为自己是谁呀？"

销售员："我不是这个意思。我是说我们这款新手机，主要是针对需要更多网络流量的人群而设计的。这个 i6 系列手机是 i5 系列手机的升级版。经过我们进一步的优化设计后，它有一个新特点，就是可以一次运行两个程序，这样就减少了不少中间环节，加快了您的手机体验速度并提高了办

公与生活效率……"

客　户："行了行了，你们这些生产手机的，除了能添乱还能干什么，月月出新的，你们就不能一下子出个全的，然后来个冬眠？能跳一米，非要一厘米一厘米地跳，消费者都应该联合起来抵制你们这种奸商式生产。"

销售员：……

案例中的这位客户表面上看是一位对产品不感兴趣的客户，而通过后面的对话可以看出他是对厂商和产品的一种不能满足客户最终需求的不满意，他其实是一位难以满足型的客户。对于难以满足型的客户，销售员要避免争吵，要接受对方的批评。

难以满足型的客户，脾气大，好战，好胜心很强，对别人往往不屑一顾。因此，他们坚决要赢得销售交易的胜利。如果需要，即使羞辱对方，也绝不允许说话的主动权落到对方手里。

对付这类性格的客户，销售员先要接受他们的指责，避免引起口舌之争，还要避免使用过于鲜明的形容词修饰自己的产品。还要减少发问频率，发问意味着向客户争夺说话的主动权。如果想使用赞美缓和气氛，一定要做得不留痕迹。最重要的是，保持诚恳中性的语气说话。同时继续提出方案，不使其偏离主题。注意，销售员在与蓄意敌对的客户交谈时，要尽量避免对产品的特性、功能、品质、效能使用过多的形容词，以避免刺激客户。另外，这种客户之所以这么好战，主要原因是不愿在销售场合与销售员谈事，销售员应该创造更多交流的机会，多次尝试与其进行充分的沟通，方可完成销售工作。

占便宜型客户：用适当的价格差来满足他们

在二手家电市场有一间不大的二手电视机商城，店主是两个兄弟。在店里，有一台比较新的液晶电视机放了很久，由于价格有一些高，很多客户不能接受，所以一直没有卖出去。两个兄弟非常苦恼。后来，他们想到了一个办法，两人配合，一问一答确认这台电视机的价格，但弟弟假装耳朵不好使将价格听错，用低于卖价很多的价格出售给客户，遇到爱占便宜的人，这台电视机就一定能卖出去。两人商量好以后，第二天清早就开始张罗生意了。

弟弟在前面店铺打点，哥哥在后面的操作间整理账务。一个上午进来了两个人，这个方法并没有奏效。到下午的时候，店里来了一个操着外地口音的年轻人，在店里转了一圈后，他看到了那台展示的液晶电视机不错，于是问道："喂！老板，这台液晶电视多少钱？"作为伙计的弟弟再次假装没有听见，依然忙自己的。于是那个年轻人加大嗓门又问了一遍，他才反应过来。

他抱歉地说："对不起，我是新来的，耳朵不太好使，这台二手液晶电视机的价格我也不太清楚。您稍等，我问一下老板。"

说完他冲着后面大声问道："老板，那台很新的刚收来的二手液晶电视机多少钱？"

老板回答："3300块！！"

"多少钱？"伙计又问了一遍。

"3300块！"

声音如此大，年轻人听得很真切，当然，他心里觉得价格太贵，不准备买了。而这时，店员憨厚地对这个年轻人说："老板说1300块。"

年轻人一听，激动得差一点没晕过去，心想肯定是店员听错了，想到自己可以省下足足2000块，还能买到这么好的一台液晶电视机，于是心花怒放，害怕老板出来就不卖给他了，于是匆匆付钱买下就离开了。

就这样，一台放了太久都没卖出去的二手液晶电视，按照比收购价高40%的价格卖了出去。

案例中，两兄弟就是利用了这个年轻人爱占便宜的心理特点，成功地将二手液晶电视机以很高的价格销售了出去。对于爱占便宜型的客户，可以善加利用其占便宜心理，使用价格的悬殊对比或者数量对比进行销售。占便宜型的客户心理其实非常简单，只要他认为自己占到了便宜，他就会选择成交。

同样的道理，每到节假日或特殊的日子，商场、家电卖场等各大卖场都会不约而同地打出打折促销的旗号，以吸引更多的客户前来消费，而往往折扣越低的商店中，人越多。很多人明明知道这是商家的一种促销手段，依然争先恐后、雀跃前往，以求买到比平时便宜的商品，这是为什么呢？

这就是占便宜心理。在日常生活中，物美价廉永远是大多数客户追求的目标，很少能听到有人说"我就是喜欢花更多的钱买同样多的东西"，用少量的钱买更多更好的商品才是大多数人的消费态度。

爱占便宜追求的是一种心理满足，无可厚非，且每个人都或多或少的具有这种倾向，唯一的区别就是占便宜心理的程度深浅。我们所说的爱占便宜的人，通常是指占便宜心理比较严重的那部分人。

这类客户不在少数，他们最大的购买动机就是是否占到了便宜。所以，面对这类客户，销售员就要利用这种占便宜的心理，通过一些方式让客户感觉自己占到了很大的便宜，从而让其心甘情愿地掏钱购买。

利用价格的悬殊差距虽然能对销售结果起到很好的作用，但多少有一些欺骗客户的嫌疑，所以，在使用的过程中一定要牢记一点：销售的原则一定是能够帮助客户，满足客户对产品的需求，做到既要满足客户的心理，又要确保客户得到实实在在的实惠。只有这样，才能避免客户在知道真相后的气愤和受伤感，保持和客户长久的合作关系，实现双赢结果。

叛逆型客户：用"饥饿营销"勾起他们的购买欲

某家电销售公司的销售员小邵，负责 A、B 两个系列燃气灶的市场推广。一天有个客户前来咨询燃气灶情况，想试试不同款式的燃气灶性能。而这时库房里面恰巧没有 A 系列的燃气灶了，在引导客户进行产品试用的时候，他向客户解释说："B 系列的燃气灶您可以试用一下，但是 A 系列的燃气灶在前两天已经卖完了，仓库里面没有货了，所以如果您要选择的话，可能就剩下 B 系列的燃气灶了。"

这样说过之后，在这位客户的心里会产生这样一种想法，那就是"既然 A 系列的燃气灶已经卖完了，就说明 A、B 两个系列的燃气灶相比，A 系列比较好一些"。有了这样的心理，在看过 B 系列的燃气灶之后，客户更加觉得 A 系列的燃气灶好，但是既然已经没有货了，只能怪自己来得太晚了，于是客户带着几分遗憾离开了。

过了两天，销售员小邵主动打电话给前两天来看燃气灶的客户，并兴高采烈地告诉他一个好消息："您现在可以买 A 系列的燃气灶了，因为今天厂家终于又生产了一批这个系列的燃气灶，而当时我发现您对这个系列的燃气灶也比较喜欢，于是就通知您一下了，您看您还需要购买吗？"

客户听到这样的消息，十分高兴，有一种失而复得的感觉。既然机会来了，一定要把握住，于是他迅速地买下了 A 系列燃气灶。

案例中的消费者是一位叛逆型客户，由于 A 产品缺货，这位消费者就认为是因为 A 产品卖得好才缺货的，所以无形之中就认为 B 产品一定不是好货，因此拒绝购买 B 产品。销售员小邵也十分聪明，他深知，只要 A 产品来货且客户还没有购买的话，那么这位客户一定会继续购买 A 产品的，于是一个简单的电话提醒，就促成了一桩生意。

想一想，作为消费者，当有人向我们强行销售某种商品的时候，我们会不会很反感，第一反应便是拒绝？而作为销售员，当我们向客户销售的时候，怎么说他们都不买，而有时候我们决定不卖的时候，他们反而追着要买？这种情况时有发生，到底为什么呢？

这就是叛逆心理在起作用。人们不会拒绝自己去改变，但大多数情况下一定会拒绝被别人改变。

一般情况下，人们做任何事情都会有自己最初的理解和想法，也会自己通过分析、判断做出决定和选择，在这个过程中自主很重要，因为没有人会希望受到别人的指使或限制。当有人想要改变别人的想法、决定或要把他的意念强加给别人的时候，就会引起对方强烈的逆反心理，在这种心理的促使下，对方便会采取相反的态度或者言行，以保证自我安全及维护自尊。在心理学中，逆反心理是人们的一种自我保护行为，是为了避免自己受到不确定因素的威胁而树立的一种防范意识。

在日常生活中，逆反心理几乎是每个人都有的，差别只在于逆反程度。在销售过程中，销售员在大多数的情况下都会遭遇客户的逆反心理，即销售员越是苦口婆心地推荐产品，客户就越会拒绝，销售员想要卖掉产品的欲望越强，客户的逆反心理就越强。

在实际销售中，有很多销售员为了尽快签单，往往采取穷追猛打的策略，一味地介绍产品，劝导客户购买，以为通过密集轰炸就可以搞定客户，却不知道这恰恰会起到相反的效果，使客户产生逆反心理，打定主意不购买。

相反，当客户的兴趣点或心理需要得不到满足的时候，反而会更加刺激他强烈的需要及想要得到的欲望。越是得不到的东西，人们往往越想得到；越是不能接触的东西，人们反而越想接触；越是保密不让知道的事情，人们却会越想知道。

销售员应紧紧抓住逆反心理强烈的客户这一鲜明的心理特征，根据实际情况对自己的销售策略及沟通方式做一些调整，利用客户的逆反心理达到销售的目的。在具体的销售过程中，客户逆反心理一般有四种表现形式。

1. 反驳

这是在客户身上最常见的逆反心理表现。客户往往会故意针对销售员的说辞提出反对意见，让销售员知难而退。

2. 不发表意见

这种逆反更难以应付，因为在销售员苦口婆心地介绍和说服的过程中，客户始终保持缄默，态度也很冷淡，不发表任何意见，销售员也就无从反驳或引导客户。

3. 高人一等的作风

不管销售员说什么，客户都会以一句"我知道"来应对，意思是说，我什么都知道，你不用再介绍了。这样的客户往往会给销售员带来一种很大的压力。

4. 断然拒绝

在销售员向客户推荐时，有的客户会坚决地说："这件商品不适合我，我不喜欢，让我自己先看看。"

优秀的销售员会第一时间察觉客户的逆反心理，从而不着痕迹地结束自己滔滔不绝的介绍，改变销售策略，从照顾客户的感受开始，让客户的心理得到放松，从而增加销售成功的几率。

对于叛逆型心理的客户，可以通过"饥饿营销"的方法来勾起客户强烈的需要及想要得到的欲望，从而促进销售工作的顺利完成。

第十二章

谨言慎行，销售绝不能触犯的潜规则

低三下四，在客户面前失尊严

俞恒是一个刚进入销售行业不久的新人，平时跟朋友、同事交往时都很自信，而且言谈风趣，不少年轻女孩都很喜欢他。但是当他面对客户，向别人介绍产品时，却好像完全变了一个人。他总觉得自己比客户矮了半截，平日的潇洒自信烟消云散，代之以满脸的怯懦和紧张。

这种情况在他接近那些老总级别的人时，尤为明显。有一次，俞恒获得了一个非常难得的销售机会，不过需要跟那家合资公司的老板面谈。俞恒走进那装饰豪华的办公室，就紧张得不得了，浑身打颤，甚至连说话的声音都发起抖来。他好不容易控制自己不再发抖，但仍然紧张得说不出一句囫囵话。老总看着他，感到很惊讶。终于，他佝偻着背，磕磕巴巴地说道："王总……啊……我早想来见您了……啊……我来介绍一下……啊……产品"，他那副点头哈腰、低三下四的样子让王总觉得莫名其妙，甚至怀疑他有什么不良企图。

会谈不欢而散，大好机会就这样被生生浪费了。

大人物社会地位高，有一定的社会威望，许多销售员在拜访时经常畏首畏尾。然而销售最大的忌讳就是在客户面前低三下四，过于谦卑。像案例中的俞恒这样，还未到正式谈判就已经败下阵来。心理素质如此脆弱的人，不失败才怪。

卑躬屈膝的销售，不但会直接影响你在客户心中的形象和人格，而且会使你所销售的产品贬值。畏畏缩缩、唯唯诺诺的销售员，不可能赢得客户的好感，反而会让客户非常失望。因为你的表现证明你不是一个光明正大的人，而是个不可信赖的人，客户对你所销售的产品自然不会相信了。

优秀的销售员要有敢于向大人物销售的勇气。如果你总是逃避，不敢去做你害怕的事情，不敢去害怕去的地方，不敢见大人物，那么机会一定不会因为你害怕而光顾你。

其实许多你害怕去的地方往往蕴藏着成功的机遇，在大地方向大人物销售往往比向小客户销售容易得多。因为销售员都畏惧这些地方，他们也很少光顾这里。如果你敢于迈出这一步，向大人物销售自己的商品，那么你就很可能成功。

另外，在大人物这里，由于前来销售的业务员很少，因此，他们往往不像小客户那样见到销售员就说"不"。一个真正成功的大人物或者一个从基层干到上层的人，是不会对你的销售感到厌恶的，很多情况下他们会怀着一颗仁慈的心来接纳你，并给你一次机会。

不懂换位思考，死缠烂打令人厌烦

在卖场的促销区出现了下面的场景：

"这位小姐，我们公司现在有个促销活动，如果您买了我们的化妆品，就可以享受一些优惠政策，比如免费旅游。"

"不好意思，我对于这些优惠没有兴趣。我从来不买国产品牌化妆品，哪怕优惠再多，价格再低，都不会考虑的。我看重的是品牌和质量。"

"这个您不用担心，我们公司有专业的咨询师，他们会针对您的具体情况给您提供您需要的产品。"

"这种产品对我来说没有意义，没有必要去搞什么咨询。"

"我可以向您保证这种产品的质量绝对是一流的。而且还能免费旅游，机不可失时不再来……"

"对不起，我还有事。"客户头也不回就离开了。

这位销售员的错误在于不能设身处地地为客户着想，而是自以为是，喋喋不休，终于引起客户的反感。他的产品介绍是"死"的，跟背台词似的，完全不考虑客户的感受和反应。这是一种典型的销售错误。

很多销售员在销售产品时都会犯类似的错误。不清楚客户为什么要购买自己的产品，认为把产品卖出去，自己拿到提成，就万事大吉了。于是他们把嘴巴当成喇叭，对客户进行"广告轰炸"。殊不知，这种低级的销售手段早已过时，没人吃这一套了。

优秀的销售员要理解客户关注的并不只是产品本身，而是关注通过购买产品能获得的利益或功效。成功的销售员普遍具有一种很重要的品质，即积极主动、设身处地地为客户着想。站在对方立场去思考问题，才能了解客户的需求，才会知道客户需要什么不需要什么。这样就能够比较正确地而且也容易抓住销售的重点了。

当你为客户考虑更多为自己考虑更少时，也许会被迫放弃部分眼前利益，不过，你会因此而获得更加长远的利益。处处为客户着想，不仅仅是想客户之所想，急客户之所急，还要让客户看到实惠的东西，只有你为他办了实事，而且还最大限度地为他省了钱，这样你才能与客户保持长久的合作关系，提高你的销售业绩。

纵观那些业绩突出的销售员，他们之所以业绩出色，是因为他们的价值观念、行为模式比一般人更积极。他们绝不会死缠烂打，不厌其烦地介绍自己的产品，而是主动为客户着想，"以诚相待、以心换心"。这样才能赢得回头客，保持业绩之树常青。学会换位思考，是销售员对待客户的基本原则，更是销售员成功的基本要素。

日本日立公司广告课长和田可一就说过："在现代社会里，消费者是至高无上的，没有一个企业敢蔑视消费者的意志；蔑视消费者，只考虑自己的利益，一切产品都会卖不出去。""客户就是上帝"这一观念时至今日已成为销售的信条和法宝，但是真正能做到的没有几个。销售员在销售产品时应本着双赢的原则，在考虑自身利益的同时，也要考虑客户的利益。只有做到互惠互利，才能销售成功；只有让客户有利益，你才会有利益；只有站在双赢的角度思考问题，销售之路才会越走越宽。

诋毁竞争对手，弄巧成拙自讨苦吃

采购员小李在市场上招标，要购入一大批包装箱。收到了两个公司投来的标书，A公司是曾经合作过的工厂，B公司是行业内知名企业。在投标后的第二天，A公司销售员找上门来，问小李还有哪家公司投标？小李告诉了他，但没有暴露价格。A公司销售员马上说道："噢，B公司的销售小罗确实是个好人，但他能按照您的要求供货吗？他们工厂小，我对B公司的发货能力不太清楚。他能满足您的要求吗？"

小李听完这些话，产生了一种强烈的好奇心，想去B公司的工厂考察。通过小李实地走访，与B公司销售员了解工厂的实际生产状况后，小李与B公司签订了定单，合同履行得也很出色。

缺乏职业道德，带着强烈偏见，攻击诋毁竞争对手，不仅让客户对销售员的职业操守产生怀疑，而且给客户提了醒："既然你们这样大肆攻击对手，说明对手应该很强大，他们的产品肯定不错，我何不亲自去看看？"

某企业的总经理正打算购买一辆不太昂贵的汽车送给儿子当作高中毕业礼物。萨布牌轿车的广告曾给他留下印象，于是他到一家专门销售这种汽车的店去看货。而这里的销售员在整个介绍过程中却总是在说他的车如何如何比"菲亚特"和"大众"强。作为总经理的他似乎发现，在这位销售员的心目中，后两种汽车是最厉害的竞争对手，尽管总经理过去没有开过那两种汽车，他还是决定最好先亲自看一看再说。最后，他买了一辆"菲亚特"。对此结果，那位销售员只有愕然和后悔。

不诋毁竞争对手是销售员应遵循的一个原则。上述案例中的两个销售员，都是"聪明反被聪明误"的典型。这两个例子表明，一个销售员也可以为竞争对手卖东西，因为他对别人进行了攻击，客户在好奇心的驱使下产生了亲自前去考察的念头，最后造成了令攻击者大跌眼镜的结局。

其实这是销售新手常犯的错误，他们低估了客户的智商和警惕性。销售员如果主动攻击竞争对手，他将会给人留下这样一种印象：他一定是发现部分对手非常厉害，觉得难以对付。人们还会推测，他对另一个公司的敌对情绪之所以这么大，那一定是因为他在该公司吃过大亏。客户下一个结论就会是，如果这个厂家的生意在部分对手面前损失惨重，他的竞争对手的货就属上乘，应当先去那里瞧瞧。

销售中完全有竞争对手的情况是很罕见的，你必须做好应付竞争对手的准备。毫无疑问，避免与竞争对手发生猛烈"冲撞"是明智的，但是，要想绝对回避他们看来也不可能。但是你绝对不要轻易攻击竞争对手。

与此相反，赞赏竞争对手，对竞争对手的优点给予肯定，会让客户感到你是一个公平理智的销售员，这样，客户在无形之中就向你靠近了。

如果客户问"你认为A公司怎么样？"，你可以回答说："A公司也不错，而且A公司的产品最大的优势就是集中在L产品上。如果您对L产品有很高要求的话，使用A公司的产品也是不错的选择。"

如果客户说"我也需要A公司的L产品"，你可以这样回答说："就您刚才所谈的，L产品只是您所有要求中很小的一部分，对您最重要的还是B产品，而B和L我们做得都不错，尤其是B。B真的很适合您，您说是不是？"

走不出失败阴影，妄自菲薄难有作为

陈光是一间杀毒软件公司的销售员，上班第一天就信心百倍地出去销售杀毒软件，可是好几天过去了，却毫无进展，一套都没卖出去，还受了一肚子气。一个星期后，陈光向部门经理诉苦："经理，在那家公司销售是不可完成的任务，他们对我的态度太差了。我在想，是不是我根本不适合销售这个行业？要不，你把我调到其他部门吧。"说着说着，他的声音都带哭腔了。

经理耐心地听他说完，鼓励他说："每个人都会经历这个阶段的，你不要这么快就怀疑自己，我觉得你还是挺有潜力的。为什么不再试一试呢？要相信自己。"

第二天，陈光抱着尝试的心态又去了那家公司，他记着部门经理的话，告诉自己要争取向每一个人销售的机会。可是，在和客户谈话的过程中，他脑袋里不停地闪现一个念头："我不适合做销售员，再努力也成功不了的。"他越来越没有信心，最终沮丧地离开了那家公司。

就像空气中的细菌一样，被拒绝在销售这一行业中再平常不过。我们只要有信心去消除拒绝，有能力解决问题，那么我们便可以获得成功。可惜的是，很多现实中的销售员在经历了一两次拒绝之后，便对自己产生了怀疑，给自我一种负面的心理暗示：我不适合这一行，怎么努力都不行的。不克服这种情绪，完成业绩就等于痴人说梦。

就像案例中的陈光一样，有些销售员一开始意气风发，一副舍我其谁的架势，但是，几次打击之后，开始怀疑自己的能力，丧失了信心和勇气，继而逐渐形成怯懦、畏缩的心态，不敢面对客户，乃至不敢面对工作中的所有问题，最终变得庸庸碌碌，"泯然众人矣"。

销售员要学会赞美自己和鼓励自己。

销售员得到的赞美机会很少，更多的是要面对客户的责难、讥讽、嘲笑。没有人为你喝彩，你更要学会自己给自己鼓掌，学会赞美自己，坚强地面对一切挑战。

你还要不断地鼓励自己，使自己的心理始终处于一种积极的状态，这样你才可以从失败的境地中走出，勇往直前。你要经常对自己说：明天会更好，我总会成功的。

在销售的过程中，遭到拒绝是再正常不过的事情。但是很多初入行的销售员承受不了屡次被拒造成的挫败感，轻易退出了这个行业。对此，我们要牢记销售业的一个事实：大多数的成交是建立在客户的拒绝之上的。要想坚持到底，首先得锻炼自己的抗打击能力。

屡错屡犯，不自我反省原地踏步

日本近代有两位一流的剑客，一位是宫本五臧，另一位是柳生又寿郎。宫本是柳生的师父。

当年，柳生拜师学艺时，问宫本："师父，根据我的资质，要练多久才能成为一流的剑客呢？"

宫本答道："最少也要 10 年！"

柳生说："哇！10 年太久了，假如我加倍努力地苦练，多久可以成为一流的剑客呢？

宫本答道："那就要 20 年了。"

柳生一脸狐疑，又问："如果我晚上不睡觉，夜以继日地苦练，多久可以成为一流的剑客呢？"

宫本答道："你晚上不睡觉练剑，必死无疑，不可能成为一流的剑客。"

柳生颇不以为然地说："师父，这太矛盾了，为什么我越努力练剑，成为一流剑客的时间反而越长呢？"

宫本答道："要当一流的剑客的先决条件，就是必须永远保留一只眼睛注视自己，不断地反省。现在你两只眼睛都看着一流剑客的招牌，哪里还有眼睛注视自己呢？"

柳生听了，满头大汗，当场开悟，终成一代名剑客。

我们从故事中得到的启示是，要当一流的剑客，光是苦练剑术不管用，必须永远留一只眼睛注视自己，不断地反省；要当一流的销售家，光是学习销售技巧也不管用，也必须永远留一只眼睛注视自己，不断地反省。要认识自己必须依靠自己与别人，自己就是前述的自我剖析，别人就是他人的批评。自我剖析往往不够客观与深入，因此得依赖他人的批评。

所谓"反省"，就是反过身来省察自己，检讨自己的言行，看自己犯了哪些错误，看有没有需要改进的地方。

一般来说，自省心强的人都非常了解自己的优劣，因为他时时都在仔细检视自己。这种检视也叫作"自我观照"，其实质也就是跳出自己的身体之外，从外面重新观看审察自己的所作所为是否为最佳的选择。这样做就可以真切地了解自己了，但审视自己必须是坦率无私的。

能够时时审视自己的人，一般都很少犯错，因为他们会时时考虑我到底有多少力量，我能干多少事，我该干什么，我的缺点在哪里，为什么失败了或成功了，这样做才能轻而易举地找出自己的优点和缺点，为以后的行动打下基础。

主动培养自省意识也是一种能力，要培养自省意识，首先得抛弃那种"只知责人，不知责己"的劣根性。当面对问题时，人们总是说：

"这不是我的错。"
"我不是故意的。"
"没有人不让我这样做。"
"这不是我干的。"
"本来不会这样的，都怪……"

这些话是什么意思呢？

"这不是我的错"是一种全盘否认。否认是人们在逃避责任时的常用手段。当人们乞求宽恕时，这种精心编造的借口经常会脱口而出。

"我不是故意的"则是一种请求宽恕的说法。通过表白自己并无恶意而推卸掉部分责任。

"没有人不让我这样做"表明此人想借装傻蒙混过关。

"这不是我干的"是最直接的否认。

"本来不会这样的，都怪……"是凭借扩大责任范围推卸自身责任。

找借口逃避责任的人往往都能侥幸逃脱。他们因逃避或拖延了自身错误的后果而自鸣得意，却从来不反省自己在错误的形成中起到了什么作用。

为了免受谴责，有些人甚至会选择欺骗手段，尤其是当他们是明知故犯的时候。这就是所谓"罪与罚两面性理论"的中心内容，而这个论断又揭示了这一理论的另一方面。当你明知故犯时，除了编造一个敷衍他人的借口之外，有时你会给自己找出另外一个理由。

很多销售员喜欢抱怨客户，抱怨老板，但就是不会反省，认识不到自己身上的缺点和毛病。而只有善于反省，才不会重复犯错误，才能一步一个脚印地前进。

第十三章

言之有计，赢在抓住最终成交时机

敏锐捕捉交谈中的成交信号

把握成交时机对于一个销售来说是至关重要的。过早或过晚都会影响成交的质量。促成交易，首先应捕捉住成交的时机。成交时机来到，必定伴随着许多有特征的变化和信号，销售员应善于感知他人态度的变化，及时根据这些变化和信号，来判断"火候"和"时机"。

一般情况下，客户的购买兴趣是"逐渐高涨"的，在交易时机成熟时，客户心理活动趋向明朗化，会通过各种方式表露出来，也就是向销售发出各种成交的信号。

成交信号是客户通过语言、行为、情感表露出来的购买意图信息。成交信号有些是有意表示的，有些则是无意流露的，这些都需要销售及时发现。客户成交信号可分为语言信号、行为信号和表情信号三种。

1. 语言信号

当客户有心购买产品时，从他们的语言中就可以判断出来。例如，当客户说："你们多快能运来？"这就是一种有意表现出来的真正感兴趣的迹象，它向销售表明成交的时机已到；客户询问价格时，说明他兴趣很浓；而如果客户与你商讨条件时，更说明他实际上已经要购买。归纳起来，如果出现下面任何一种情况，那就表明客户产生了购买意图，成交近在咫尺。

给予一定程度的肯定或赞同。

讲述一些参考意见。

请教使用商品的方法。

打听有关商品的详细情况（价格、运输、交货时间、地点等）。

提出一个新的购买问题。

表达一个更直接的异议。

语言信号的种类很多，有表示赞叹的，有表示惊奇的，有表示欣赏的，有表示询问的，也有表示反对意见的。

应当注意的是，反对意见比较复杂，反对意见中，有些是成交的信号，有些则不是，必须具体情况具体分析，既不能都看成是成交信号，也不能无动于衷。只有销售有意捕捉和顺势利导这些语言信号，才可以顺利促成交易。

2．行为信号

销售应细致观察客户的行为，并根据客户变化的趋势，采用相应的策略、技巧加以诱导，这在促成成交阶段十分重要。

客户频频点头。

客户向前倾，更加靠近销售者。

客户用手触及订货单。

客户再次查看样品、说明书、广告等。

客户放松身体。

上述动作，表示客户想重新考虑所推荐的产品，或是购买决心已定，紧张的思想已松弛下来。总之，他们都表示一种"基本接受"的态度。

3．表情信号

从客户的面部表情可以辨别其购买意向。眼睛注视、嘴角微翘或点头赞许，都与客户心理感受有关，均可以视为成交信号。

紧锁的双眉分开，上扬。

眼睛转动加快，好像在想什么问题。

嘴唇开始抿紧，好像在品味着什么。

神色活跃起来。

态度更加友好。

原先造作的微笑让位于自然的微笑。

　　由此可见，客户的语言、面部表情和一举一动，都在表明他们的想法。从客户明显的行为上，也完全可以判断出他们是急于购买还是抵制购买。销售要及时发现、理解、利用客户表露出来的成交信号，这并不十分困难，其中大部分也能靠常识解决，一要靠销售的细心观察和体验，二要靠销售的积极诱导。当成交信号发出时，要及时捕捉，并迅速提出成交要求。

　　心理学名词"心理上的适当瞬间"在销售工作中的特定含义是指客户与销售在思想上达到完全一致的时机，即在某一瞬间买卖双方的思想是协调一致的，此时是达成交易的最好时机。若销售能把握住这一特定瞬间，成交的希望则是很大的。

不说不该说的话造成交易失败

在客户明确表示希望成交的关键时刻，销售员要谨慎为上，避免说过多的话语导致交易失败。

销售员："看到我们的等离子电视了吧？"

客　户："哇，真漂亮。"

销售员："才 5000 元。"

客　户："我能买到一台黑色的吗？"

销售员："当然。黑的、白的、银白的和银灰的都有。"

客　户："好。我今天有现金。黑色的你有现货吗？我能不能今晚就买回家？"

销售员："当然。现在我们这儿就有一台。下周我们还有几台黑色的要到货。"

客　户："真的？也许我还应等一等，看了那几台再说。"

销售员："不必了，它们全都一样。"

客　户："可是，现在这台也许表面有划痕或还有什么毛病。"

销售员："绝不可能，一点问题都没有。"

客　户："嗯。"

销售员："那我这就过来跟你签合同吧。"

客　户："我还没有拿定主意。我想先看看那几台再说。"

销售员："可是这一台一点问题都没有，你可以亲眼看看嘛。"

客　户："是啊，不过我还得考虑考虑。我有事得先走了。下周我再来看看吧。"

在成交最后的关键时刻，销售员的话至关重要，它可以使客户坚定最后的决心，促进成交，也可以使客户动摇购买的决心，放弃交易。上述案例中的销售员就犯了一个致命的错误，不该在最后成交时多说了一句"下周我们还有几台黑色的要到货"，这句话让客户萌生了等一等能有更多选择的念头，从而放弃当场交易，这一放弃很可能导致交易的流失。让即将到手的交易眼睁睁地失去，对销售员来说，这是一个很大的打击。

在客户发出成交信号时，销售要注意下面几种情况：

1. 有的问题别直接回答

假设，当你正在对产品进行解说时，一位客户发问："这种产品的售价是多少？"

A. 直接回答："150 元。"

B. 反问："您真的想要买吗？"

C. 不正面回答价格问题，而是向客户提出："您要多少？"

如果你用第一种方法回答，客户的反应很可能是："让我再考虑考虑。"如果以第二种方式回答，客户的反应往往是："不，我随便问问。"

2. 有的问题别直接问

客户常常有这样的心理：轻易改变主意，显得自己很没主见！所以，要注意给客户一个"台阶"下。你不要生硬地问客户这样的问题："您下定决心了吗？""您是买还是不买？"

尽管客户已经觉得这商品值得一买，但你如果这么一问，出于自我保护，他很有可能一下子又退回到原来的立场上去了。

3. 该沉默时就沉默

"你是喜欢甲产品，还是喜欢乙产品？"问完这句话，你就应该静静地坐在那儿，不要再说话——保持沉默。

你不要急着打破沉默，因为客户正在思考和做决定，打断他们的思路是不合适的。如果你先开口的话，那你就有失去交易的危险。所以，在客户开口之前一定要保持沉默。

主动出击，提出成交请求

"你也看到了，从各方面来看，我们的产品都比你原来使用的产品好得多。再说，你也试用过了，你感觉如何呢？"销售员鲁恩试图让他的客户提出购买意愿。

"你的产品确实不错，但我还是要考虑一下。"客户说。

"那么你再考虑一下吧。"鲁恩没精打采地说道。

在他走出这位客户的门口后，恰巧遇到了他的同事贝斯。

"不要进去了，我对他不抱什么希望了。"

"怎么能这样，我们不应该说没希望了。"

"那么你去试试好了。"

贝斯满怀信心地进去了，没有几分钟时间，他就拿着签好的合同出来了。面对惊异的鲁恩，贝斯说："其实，他已经跟你说了他对你的产品很满意，你只要能掌握主动权，让他按照我们的思路行动就行了。"

在客户说他对商品很满意时，就说明他很想购买产品，此时鲁恩如果能再进一步，掌握成交主动权，主动提出成交请求，就能积极促成交易。面对这样的客户，销售员不要等客户先开口，要主动提出成交要求。

要想顺利成交，销售员要做到以下三点。

一、业务员要主动提出成交请求

许多业务员失败的原因仅仅是没有开口请求客户订货。据调查，有71%的销售员未能适时地提出成交要求。美国施乐公司前董事长彼得·麦克说："销售员失败的主要原因是不要求签单，不向客户提出成交要求，就好像瞄准了目标却没有扣动扳机一样。"

一些销售员害怕提出成交要求后遭到客户的拒绝。这种因担心失败而不敢提出成交要求的心理，注定他一开始就失败了。如果销售员不能学会接受"不"这个答案，那么他们将无所作为。

销售员在销售商谈中若出现以下三种情况，可以直接向客户提出成交请求。

1．商谈中客户未提出异议

如果商谈中客户只是询问了产品的各种性能和服务方法，销售员都一一回答后，对方也表示满意，但却没有明确表示是否购买，这时销售员就可以认为客户心理上已认可了产品，应适时主动地向客户提出成交。比如这样说："李厂长，你看若没有什么问题，我们就签合同吧。"

2．客户的担心被消除之后

商谈过程中，客户对商品表现出很大的兴趣，只是还有所顾虑，当通过解释解除其顾虑，取得其认同时，就可以迅速提出成交请求。如这样说："王经理，现在我们的问题都解决了，你打算订多少货？"

3．客户已有意购买，只是拖延时间，不愿先开口

此时为了增强客户的购买信心，可以巧妙地利用请求成交法适当施加压力，达到交易的目的。如："先生，这批货物美价廉，库存已不多，趁早买吧，包你会满意"。

二、向客户提出成交要求一定要充满自信

美国十大销售高手之一谢飞洛说："自信具有传染性，业务员有信心，会使客户自己也觉得有信心。客户有了信心，自然能迅速做出购买决策。如果业务员没有信心，就会使客户产生疑虑，犹豫不决。"

三、要坚持多次向客户提出成交要求

美国一位超级销售员根据自己的经验指出，一次成交成功率为 10％左右，他总是期待着通过两次、三次、四次、五次的努力来达成交易。据调查，销售员每获得一份订单平均需要向客户提出 46 次成交要求。

成交没有捷径，销售员首先要主动出击，引导成交的意向，不要寄希望于客户主动提出成交。

善于运用暗示成交

在空调刚兴起的时候，其售价相当昂贵，因此乏人问津。要是出去销售空调，那更是难上加难。销售员艾克森欲销售一套可供 20 层办公大楼用的中央空调设备，他经过很多努力，与某公司周旋了数月，仍然没有结果。一天，该公司董事会通知艾克森，要他到董事会上向全体董事介绍这套空调系统的详细情况，最终由董事会决定是否购买。在此之前，艾克森已向他们介绍过多次。这天，他强打精神，把以前不知讲过多少次的话题又重复了一遍。但在场的董事长们反应十分冷淡，提出了一连串问题刁难他，使他难以应付。面对这种情景，艾克森口干舌燥，心急如焚，脑门上冒出点点汗珠，眼看着几个月来的辛苦和努力将要付诸东流，他逐渐变得焦虑起来。

艾克森正要去擦脑门的汗，突然看到各位董事们脑门上也有细密的汗珠，不禁心生一计。在随后的董事们提问的阶段，他没有直接回答董事的问题，而是很自然地换了一个话题，说："今天天气很热，请允许我脱掉外衣，好吗？"说着掏出手帕，认真地擦着脑门上的汗珠，这个动作马上引起了在场的全体董事的条件反射，他们顿时觉得闷热难熬，一个接一个地脱下外衣，不停地用手帕擦脸，有的抱怨说："怎么搞的？天气这么热，这房子还不安上空调，闷死人啦！"这时，艾克森心里暗暗高兴，因为，购买空调并不是销售员强加给董事长的负担，而是全体董事的内在需求。就这样，这笔大生意终于成交了。

艾克森的一个脱上衣的动作，胜过了他所要说的千言万语。其实重要的不是动作本身，而是通过这个动作传递给各位董事的心理暗示。因此销售员不仅可以通过语言来销售，也可通过动作引导和暗示对方，从而获得成功。

就其本质而言，如果得到恰当的运用，暗示是非常微妙的。能够非常熟练地使用暗示的销售员，能够影响客户的心理，且不会让对方感到自己正在被施加影响。要让客户觉得是他自己想买东西，而不是你向他销售东西。

销售员除了要善于利用暗示诱导客户以外，还要能从对方的暗示中捕捉信息。一个有经验的销售员会通过客户的行为、举止判断对方是否具有购买意愿，不但不放过任何销售良机，而且会同时加大销售力度。

（1）谈过正式交易话题后，对方的态度忽然改变，对你有明显亲热的表示。

（2）客户忽然间请销售员喝茶或拿食物来招待他。

（3）客户的视线忽然间开始移至商品目录、样品、或销售员的脸上，表情认真严肃。

（4）客户的表情有些紧张。

（5）对方有些出神、发呆。

（6）客户忽然间热烈地回应销售员。

（7）客户的身体微往前倾。

（8）客户的声音忽然变大或变小。

（9）客户忽然间说"糟了""怎么办"等一类话。

（10）客户视线置于面前某地方，默默不语陷入沉思（此时他正盘算着产品的利益及价格）。

（11）客户开始询问朋友或同仁，诸如"你认为怎么样？"。

（12）客户开始批评或否定自己。

以上这些暗示说明客户已有购买意愿，此时销售员应加大销售力度，抓住时机，乘胜追击。

人内心的真实感觉往往会从言行举止等方面上表现出某些征兆或流露出某些迹象。一个优秀的销售员应该从客户的外在表情、动作言谈等方面判断出是否是销售的最佳时机并加以把握、利用。

欲擒故纵，锁定成交

有一个女销售员销售价格相当高的百科全书，业绩惊人。同行们向她请教成功秘诀，她说："我选择夫妻在家的时候上门销售。手捧全书先对那位丈夫说明来意，进行销售。讲解结束后，总要当着妻子的面对丈夫说，'你们不用急着做决定，我下次再来'，这时候，妻子一般都会做出积极反应。"

相信搞过销售的人都有同感：让对方下定决心，是最困难的一件事情，特别是要让对方掏钱买东西，简直难于上青天。半路离开销售这一行的人，十有八九是因为始终未能掌握好促使对方下决心掏钱的功夫。在销售术语中，这就是所谓的"促成"关。有句话说的好，"穷寇莫追"，通俗点讲就是："兔子急了也会咬人。"在对方仍有一定实力时，逼得太急，只会引起对方全力反扑，危及自己。因此，高明的军事家会让对手消耗实力，丧失警惕，松懈斗志，然后一举擒住对手。以"纵"的方法，更顺利地达到"擒"的目的，效果自然极佳，但若没有绝对取胜的把握，绝不能纵敌。猫抓老鼠，经常玩"欲擒故纵"的把戏，就是因为猫有必胜的能力。人和电脑不同，人是由感情支配的，一般人在做出某种决定前，会再三考虑，犹豫不决。尤其是如果这个决定需要掏腰包，就更会踌躇再三。这种时候，就要其他人提供足够的信息，促使其下决心，销售员就要充当这样的角色。顺利成交还需要销售员积极促成。不过，人都有自尊心，不喜欢被别人逼，不愿意"迫不得已"就范，"欲擒故纵"，就是针对这种心理设计的。

当对方难以做出抉择，或者抬出一个堂皇的理由拒绝时，该怎么办？

"这件艺术品很珍贵，我不想让它落到附庸风雅、不懂装懂的人手里。对那些只有一堆钞票的人，我根本不感兴趣。只有那些真正有品味、热爱艺术、懂得欣赏的人，才有资格拥有这么出色的艺术珍品。我想……"

"我们准备只挑出一家打交道，不知道你够不够资格……"

"这座房子对你来说，可能大了一点，也许，该带你去别的地方，看一看面积小一点的房子。那样，你可能感觉满意一点。"

具体促成时的方法更是数不胜数。在恰当时机，轻轻地把对方爱不释手的商品取回来，造成对方的"失落感"，就是一个典型的欲擒故纵的例子。还有，让对方离开尚未看完的房子、车子，都是欲擒故纵。采用这一类动作时，掌握分寸最为关键，千万不能给人以粗暴无礼的印象。

适时地表示"信任"也是一种极好的方法。

"挺好的，可惜我没带钱。"

"你没带钱？没关系，这种事情很正常嘛。其实，你不必带什么钱，对我来说，你的一个承诺比钱更可靠。在这儿签名就行了。我看过的人多了，我知道，能给我留下这么好印象的人，绝不会让我失望的。签个名，先拿去吧。"

美国超级销售员乔•吉拉德擅长制造成就感。

"我知道，你们不想被人逼着买东西，但是我更希望你们走的时候带着成就感。你们好好商量一下吧。我在旁边办公室，有什么问题，随时叫我。"

你也可以显示出对对方的高度信任，尊重对方的选择，让对方无法翻脸，帮助对方获得成就感。表面上的"赊账成交"即属于此。

　　"拿一百元买个东西，却只想试一试？对你来说可能太过分了。既然你对这种商品的效用有点疑虑，那么我劝你别要这么贵的。你看，这是五十元的，分量减半，一样能试出效果，也没白跑一趟。反正我的商品不怕试、不怕比。"

　　勇敢地提出反对意见，也许客户反而更容易接受。

给成交保留一定余地

　　保留一定的成交余地，也就是要保留一定的退让余地。任何交易的达成都必须经历一番讨价还价，很少有交易是按卖主的最初报价完成的。尤其是在买方市场的情况下，几乎所有的交易都是在卖方做出适当让步之后完成的。因此，在成交之前如果把所有的优惠条件都一股脑地端给客户，当客户要求再做些让步才同意成交时，销售员就没有退让的余地了。所以，为了有效地促成交易，销售员一定要保留适当的退让余地。

　　有时电话销售员要求客户下订单了，客户可能还有另外的问题提出来，也可能有其他顾虑。想一想，我们前面更多探讨的是如何满足客户的需求，但现在，需要客户真正做决定了，他会面临决策的压力，因此会更多地询问与企业有关的其他问题。如果客户最后没做决定，在销售员结束电话前，千万不要忘了向客户表达真诚的感谢："贾经理，十分感谢你对我工作的支持，我会随时与你保持联系，以确保你愉快地使用我们的产品。如果你有什么问题，请随时与我联系，谢谢！"

　　同时，销售员可以通过说这样的话来促进成交：

　　"为了使你尽快拿到货，我今天就帮你下订单可以吗？"

　　"你在报价单上签字、盖章后，传真给我就可以了。"

　　"贾经理，你希望我们的工程师什么时候为你上门安装？"

　　"贾经理，还有什么问题需要我再为你解释呢？如果这样，你希望这批货什么时候送到贵公司呢？"

"贾经理，假如你想进一步商谈的话，你希望是在什么时候？"

"当货到了贵公司以后，你需要上门安装及培训吗？"

"为了今天能将这件事确定下来，你认为我还需要为你做什么事情？"

"所有事情都已经解决，剩下来的，就是得到你的同意了（保持沉默）。"

"从 ABC 公司来讲，今天就是下订单的最佳时机，你看怎么样（保持沉默）？"

一旦销售员在电话中与客户达成了协议，销售员就需要进一步确认报价单、送货地址和送货时间是否准备无误，以免出现不必要的误会。

销售时留有余地很容易诱导客户主动成交。诱导客户主动成交，即设法使客户主动采取购买行动。这是成交的一项基本策略。一般而言，如果客户主动提出购买，说明销售员的说服工作十分奏效，也意味着客户对产品及交易条件十分满意，甚至认为没有必要再讨价还价，因而成交非常顺利。所以，在销售过程中，销售员应尽可能诱导客户主动购买产品，这样可以减少成交的阻力。

做什么事情都一样，留有余地是必须的。因为余地既为我们提供了前进的空间，又为我们留下了后退的可能。

销售时保留一定余地很容易诱导客户购买，因为客户会觉得自己有很大的主动性，没有被迫接受。